[美]博恩·崔西（Brian Tracy） 著

赵倩 译

销售管理

打造一支积极高效的销售团队
SALES MANAGEMENT

中国科学技术出版社
·北京·

Sales Management by Brian Tracy.
Copyright © 2015 Brian Tracy.
Original English language edition published by arrangement with HarperCollins Leadership, a division of HarperCollins Focus, LLC.
Simplifified Chinese translation copyright ©2021 by China Science and Technology Press Co., Ltd.
All rights reserved.
北京市版权局著作权合同登记　图字：01-2021-5865

图书在版编目（CIP）数据

销售管理 /（美）博恩·崔西著；赵倩译 . — 北京：中国科学技术出版社，2021.11（2024.12 重印）

书名原文：SALES MANAGEMENT

ISBN 978-7-5046-9259-7

Ⅰ . ①销… Ⅱ . ①博… ②赵… Ⅲ . ①销售管理 Ⅳ . ① F713.3

中国版本图书馆 CIP 数据核字（2021）第 219284 号

策划编辑	杜凡如	责任编辑	龙凤鸣
封面设计	马筱琨	版式设计	蚂蚁设计
责任校对	吕传新	责任印制	李晓霖

出 版	中国科学技术出版社
发 行	中国科学技术出版社有限公司
地 址	北京市海淀区中关村南大街 16 号
邮 编	100081
发行电话	010-62173865
传 真	010-62173081
网 址	http://www.cspbooks.com.cn

开 本	787mm×1092mm　1/32
字 数	60 千字
印 张	6
版 次	2021 年 11 月第 1 版
印 次	2024 年 12 月第 2 次印刷
印 刷	北京盛通印刷股份有限公司
书 号	ISBN 978-7-5046-9259-7/F·952
定 价	59.00 元

（凡购买本社图书，如有缺页、倒页、脱页者，本社销售中心负责调换）

前言
PREFACE

20世纪90年代初，IBM（国际商业机器公司）遭遇财政危机，公司任命郭士纳（Lou Gerstner）为新任首席执行官。他立刻去请教在麦肯锡公司（McKinsey & Company）工作的朋友。麦肯锡公司是全球规模很大、极负盛名的管理咨询公司，郭士纳希望麦肯锡公司能对IBM进行一些调查，找出IBM的产品销售额、市场占有率与利润持续下滑的原因。咨询顾问们立刻行动起来。

不到6个月的时间，咨询顾问们回来了。他们召集起IBM的高级主管，并且宣布："问题找到了。"

高管们问:"问题出在哪里?"

麦肯锡公司的咨询顾问回答:"产品销量过低。"

高管们认为这的确是个问题,于是又问:"该如何解决?"

麦肯锡公司的咨询顾问回答:"提高销量。"

IBM 的高管们再次指出,这两个答案都显而易见。但是,应该如何提高产品销售量呢?

75% 法则

答案就是"75% 法则"。调查发现,IBM 的某些政策导致一线销售人员与销售经理花太多时间在办公室里填写表格,而在销售一线与客户面对面交流的时间太少。他们建议立刻扭转这种情况。

前言 Preface

"75%法则"是指,从现在开始,销售人员应将75%的工作时间花在销售一线,用于与客户讨论IBM的产品与服务。此外,那些整天在办公室里处理销售人员提交的文件的销售经理也应该走出办公室,拿出75%的工作时间,和销售人员一起去拜访关键客户。

不到一年的时间,IBM的情况就得到了全面扭转,从大规模的亏损转变为高额的盈利。IBM起死回生,再次成为美国的行业巨头。

核心能力

在这项调查研究的最后,麦肯锡公司的咨询顾问阐述了最重要的一项发现:对一家销售导向的企

销售管理
SALES MANAGEMENT

业而言,它的"核心能力"在于销售经理的能力。通过培训销售经理,使他们更加有效地发挥职能,才能更快且更大限度地提升销售业绩。

在一家销售导向的公司中,销售经理是最重要的人物。他对销量及公司最终盈利水平的影响几乎高于其他所有人,对公司的成功发挥着至关重要的作用。

销售经理是公司内非常有价值的员工,但也往往是非常不受重视的主管。销售经理为销售人员设定标准和指标,并确保他们完成任务。培养优秀的销售经理是所有成功公司的必备条件。

旅程开始了

欢迎打开《销售管理》。本书基于多位杰出销售

前言
Preface

经理的多年工作经验,以及针对其态度与行为的研究成果。在后续的章节中,你将了解到一系列重要的观点、方法、原则与技巧。你可以马上将它们用于实践中,以提升销售人员的工作效率,提高销售业绩,使销售人员更加融洽地共事,同时推动个人事业的发展,提高个人声望。

销售管理不是一门精确的科学,因为销售人员与其他大部分员工大不相同。销售经理必须同时担当他们的朋友、顾问、知己、严苛的工头和高效的业务主管。

销售人员的情绪有起伏,销售量也会有波动,此外他们还有各种各样的销售习惯。因此,需要一个有极大耐心并且精通处理人际关系的人负责管控。

优秀的销售经理能够将个性迥异的人组织成一

销售管理
SALES MANAGEMENT

支高效的团队,月复一月地创造可预测的、稳定的销售业绩。坚持运用本书提供的方法,你也能取得很好的销售业绩——效果立竿见影。

但是,请记住,在与销售人员打交道时,不存在标准答案。每个方法都有例外情况。由于人的个性极其复杂,因此,一位出色的销售经理往往能意识到,此刻坐在桌子对面的人可能就是一个例外(也许是积极的,也许是消极的)。

将本书所包含的方法用于实践之后,雄心勃勃的销售经理们都会发现,团队中积极高效的成员增加了,而消极低效的成员减少了。下面,请开始阅读本书吧。

目录
CONTENTS

第一章　销售经理的职责	/ 001
第二章　打造一个顶级销售团队	/ 008
第三章　人才选拔	/ 017
第四章　开个好头	/ 026
第五章　销售目标管理	/ 035
第六章　销售心理学	/ 045
第七章　运用业绩公式	/ 054
第八章　改进领导风格	/ 063
第九章　奖励销售业绩	/ 073
第十章　持续的培训	/ 082
第十一章　规划销售活动	/ 088
第十二章　满足销售人员的基本需求	/ 097
第十三章　保持专注	/ 106

第十四章	运用持续改进法	/ 114
第十五章	利用头脑风暴提高销售量	/ 124
第十六章	严格要求销售人员	/ 133
第十七章	解聘业绩不佳者	/ 142
第十八章	以身作则	/ 152
第十九章	业绩控制阀	/ 161
第二十章	激励销售人员的四项措施	/ 168
第二十一章	勇气——成功必备的素质	/ 177

第一章
销售经理的职责

销售经理的第一要务是创造销量,这对公司的生存至关重要。销售经理需要与其他销售人员通力合作,共同完成既定的销售业绩。

设定目标

作为销售经理,你的第一个任务是确定年度、季度、月度,以及每周和每日的销售目标。设定了这些目标之后,要回到当下,明确从现在开始,需

要做什么才能实现各个阶段的目标。

进行规划

销售经理的第二个任务是进行规划。为了实现销售目标,你需要进行规划,组织人员与资源,安排预算与宣传材料。你必须制订行动计划,并以此为纲,完成你所期望的销售业绩。无论市场如何风云变幻,只要善于规划,成功的概率就会相应提高。

沟通与激励

销售经理的第三个重要任务是沟通与激励。作为销售经理,你要通过他人来完成工作,他们的成

第一章
销售经理的职责

果等同于你的成果。因此,你要为团队提供信息与资源,并采取激励措施,帮助销售人员完成工作。

评价结果

销售经理的第四个任务是评价结果。有一条重要的商业法则是"评价出成果"(What gets measured gets done)。你如果无法衡量员工的目标完成情况,就无法进行管理,也不可能完成目标。正因如此,你要设定清晰的业绩目标和标准,并确定每个人的职责。

选择对的人

作为销售经理,你的第五个任务可能是招募、

筛选并聘用优秀的销售人员。你的事业成败95%取决于你所聘员工的素质。我们将在本书第三章详细讨论如何挑选销售人员。无论这些销售人员会跟随你多长时间,你都要对他们进行指导和培训,使之成长。日后当他们要离开团队时,每个人的工作能力都应比此前有所提升。

确定所需要的资源

销售经理的第六个任务是确定上述工作所需要的资源。你需要负责设定销售目标,并实现该目标。因此,你必须制订销售计划,准备培训材料,确定预算、报酬、奖励和促销活动等事宜。此外,你还要安排工作内容,做好各种情况下的销售预测。

第一章
销售经理的职责

有时候你可以将部分工作交由他人完成，有时候则需要你独自承担，但归根结底，结果说明一切。你必须确定重点产品，选择目标受众与市场，明确产品与服务的推广策略，并思考运用哪些销售方法，才能在今天的市场上获得竞争优势。

最后，你要召集整个团队，向他们解释完整的"作战计划"，并为他们提供工作所需要的各种资源，助力他们"出征"，在严酷的市场环境中打赢这场"销售战役"。

■工厂模式

作为销售经理，你可以将"工厂模式"应用于规划与组织中，这能帮助你取得成功。运用这种方法时，你可以将自己的销售部门或销售团队看作一间工厂。工厂的一端输入原材料，另一端输出产品，

销售组织也是如此。在"销售工厂"中,投入的资源包括训练有素且称职的销售人员,用于广告、促销和奖励的资金,办公桌椅和其他支持销售人员工作的资源,以及要售卖的产品和服务。

就像工厂一样,销售组织内也存在某些流程,其目的是创造销售业绩。销售人员的任务是利用你提供的所有资源或原材料,在当前的市场上取得最大的销售量。

创造价值

归根结底,销售经理有两项主要工作,首先是创造价值,其次是产生收益。作为销售经理,你应该将一天中80%的工作时间用于创造价值和产生收

第一章 销售经理的职责

益。其他事务，包括处理电子邮件、社交媒体、信息和电话，都会分散你的注意力，阻碍你创造价值和产生收益。归根结底，创造销售业绩的能力才是你走向成功的最重要的决定性因素。

▶ 实践练习

1. 作为销售经理，你希望取得哪些具体成果？

2. 在这些成果中，哪一项是你现在必须取得的最重要成果？

第二章
打造一个顶级销售团队

任何工作都需要团队配合才能完成。从本质上来说,你的任务是组建一个团队,并担任团队领导者,而团队的发展依赖于每一位成员的优异表现。你的任务是先组建一个优秀的团队,然后使每一位团队成员都能创造最佳业绩。你的目标是打造一个最优秀的销售组织,从而在激烈的市场竞争中取得胜利。

从许多重要方面来看,销售团队就像运动队。为了在联赛中夺冠,优秀的运动队教练会采取一系

第二章
打造一个顶级销售团队

列的方法,这些方法也能帮你打造一个冠军级的销售团队。顶级运动队一般具备六大特点。

明确的教练与领导者

在一个优秀团队中,每个人都知道谁是老板,此人负责"发号施令"。当然,要激发和维持成员的动力与士气,民主与参与式的管理风格至关重要。但是,对一个训练有素的销售团队而言,要想取得出色的业绩,每一位团队成员都应该知道谁是领导者。作为销售经理,你是团队的负责人,负责制定标准和做出裁决。在严峻的市场形势下,过分民主可能不利于团队管理,使其难以应对激烈的竞争。

销售管理
SALES MANAGEMENT

追求卓越

正如文斯·隆巴尔迪（Vince Lombardi）[1]所说："胜利不是最重要的，胜利的欲望才是最重要的。"

在赛场上，顶级运动队都在追求胜利，就像优秀的销售团队追求高销量，以击败市场上的竞争对手一样，没有人混日子。与顶级运动员一样，顶级销售人员也想赢得冠军，获得奖金或奖品。

在销售或者体育运动中，最有效的激励因素也许是"当第一"的渴望与决心。然而，如果不能保证和团队一起争当第一，你会不知不觉地滑向平庸。

---

[1] 美国橄榄球联盟（NFL）的知名教练，曾带领绿湾包装工队（Green Bay Packers）取得六次分区冠军、五次 NFL 冠军及两次超级碗冠军。——译者注

第二章
打造一个顶级销售团队

如果不能下定决心跻身业内前 10% 或前 20%，你将自动落入后 80%。只有对卓越的追求才能激励人们在销售或体育运动中全力以赴。

坦诚交流

在顶级运动队中，运动员之间没有权谋和诡计。每个人都会将自己的想法告诉他人。队员之间没有秘密，不会生闷气，也没有不可告人的目的。他们不会在背后搞小动作，也不会钩心斗角。在顶级销售团队中，开放的政策能够使信息持续地上下流通。你必须让他人知道，自己是完全坦诚的。如果成员有任何问题，都可以直接来找你，你会坦率、诚实地回答他们的一切问题。

销售管理
SALES MANAGEMENT

从心理上来说,要取得最佳业绩,员工需要与老板进行交流,向老板提问,并得到反馈。优秀的运动员必须相信,教练会倾听自己的忧虑,不会加以反对或批评。

重视人才发展

顶级运动队非常重视队员的持续培养。在团队的帮助下,运动员自身的竞技水平不断提升。优秀的销售经理也会采用同样的方法。他们常常鼓励团队成员自我提升,强调个人的成长与专业发展。

销售培训的预算是人才发展的关键。《销售与市场营销管理》(Sales & Marketing Management)杂志研究了在各个行业内盈利水平处在前20%的公

第二章 打造一个顶级销售团队

司的销售培训及预算，结果惊讶地发现，在优秀的公司中，新的销售人员开始从事销售工作之前要接受为期6~12个星期的培训，有的公司培训时间更长。此外，这些公司平均每年要为每个销售人员的继续培养投入6000美元。

优秀的公司与销售经理已经发现，对销售人员进行培训的投资回报率（ROI）是投入的10倍，20倍，甚至30倍。在人员培训上的投入越多，产品销售量与盈利水平就越高。

讲究任务分配

在一个优秀的团队中，每个成员都应该各司其职，承担符合其才干与能力的任务，为团队的整体

成功做出最大贡献。在销售管理中,有些人善于销售某一种产品或服务,而有些人更善于销售另一种产品或服务。一些销售人员擅长出去寻找新业务,而另一些销售人员擅长维护客户关系,向现有客户追加销售,让他们购买更多的产品或服务。

优秀的教练会让运动员轮换位置,从而找出最有利于他们发挥自己优势的位置。你也需要不断为销售人员变换岗位,使每个人都能承担合适的任务,销售合适的产品与服务,面对合适的客户类型,这样一来,他们才能取得更好的业绩。

重点强调策略与计划

为团队的活动与销售业绩制订计划,这是你必

第二章
打造一个顶级销售团队

须要做的一项重要工作,无法由他人代劳。你每天都要坐下来想一想:还有哪些地方可以提升和改进?最近学到了哪些东西?可以采取哪些措施提升个人或团队的业绩?

再次引用文斯·隆巴尔迪的话:"要打造一支冠军队伍,你必须先做到优秀。"

你的任务是打造一个优秀团队。幸运的是,当销售团队经过良好的训练,使销售业绩得到提升时,也会更容易吸引优秀人才。

请记住我们的老朋友"帕累托原则"(Pareto principle),也就是80/20法则,即20%的活动产生80%的结果。在影响团队建设的因素中,能发挥决定性作用的因素大约占20%,它们就是一个优秀的销售经理持续关注的重点。

> **实践练习**

1. 如果将自己想象成一支军队的将军，军队正在浴血奋战，誓要战胜敌人（你的竞争对手），那么你的作战计划是什么？

2. 你的团队需要哪些具体的资源和培训才能战胜竞争对手？你要如何为成员提供这些资源？

第三章
人才选拔

要打造优秀的销售团队,第一步是招贤纳士。作为销售经理,你遇到的大部分问题都是因为最初招到了不合适的人。选择合适的销售人员是你所面临的最艰巨的一项任务,但是,完成了这项工作后,你的团队就成功了近90%。因此你需要一套成熟的遴选程序。

明确挑选标准

正如彼得·德鲁克(Peter Drucker)所说:"如

果匆忙地做出用人决定,你难免会犯下错误。"选人太急,后悔莫及,因此你要慢慢来。

错误的用人决定会让你付出巨大的成本,不仅是时间和金钱成本,你还会为此恼火,销售量也会下滑。

要选出合适的销售人员,你首先需要仔细思考这份工作的要求,将其逐一写下来,并且将你的想法写在纸上。你参加每一场招聘面试时,请带上这个书面的指导方针,在面试和遴选过程中以此为纲。

让员工明确目标

在挑选合适的销售人员时,你要列出销售人员每天需要完成哪些任务,需要在何时完成多少销售

第三章 人才选拔

业绩。令人惊讶的是，很多销售人员被录用之后，并不清楚公司希望自己做什么，于是他们感到愤怒和沮丧。销售经理也会感到气愤，于是开始质疑自己的能力。

不久前，我与一家从事人才选拔与培训的公司进行了合作，该公司刚刚录用了一位成绩斐然且经验丰富的女销售员。为了符合公司的专业形象，招聘人员对她进行了一组人格测验，以确定她是不是绝对合适的人选。她顺利通过了所有测验，但也暴露出了一个缺点：她在"个人主动性"这一项上的得分出奇的低。

由于她曾供职于一家劳务派遣公司，有出色的业绩记录，这家公司最后还是决定录用她。但他们没有告诉她工作中的一个重要部分——她需要自己

获取销售线索，约见客户，并且培养自己的客户群。

　　入职后的第一天早上，她的第一个问题就是："我的销售线索是什么？"得知需要自己获取销售线索后，她大感震惊，几乎马上就崩溃了。那个星期还没结束，公司的管理者就意识到自己犯了一个严重的错误，于是解聘了她。这是一个值得吸取的教训。

　　我帮世界各地的客户进行过各种练习，其中最有帮助的是下面这个练习。首先，拿出一张纸，为自己和公司描述一位完美的销售人员或应聘者。然后，想象有一间"完美销售人员工厂"，这张纸就是一张订单。填好这张订单，你就可以放心地将它交给工厂，工厂会为你送来一个完全符合描述的人。

第三章 人才选拔

了解员工过去的成就

预测一位员工未来业绩的最佳指标是他过去取得的业绩。当你为一个岗位招聘员工时,最需要考察的是应聘者是否有承担同类工作的成功经验。

你要了解应聘者过去的工作表现。他们做过什么工作?在这些工作中的表现如何?工作的性质是什么?当时的商业环境如何?是竞争激烈的艰难时期?还是产品供不应求的繁荣时期?

重视员工的个性

一位著名的主管曾经说过:"我们不会招聘那些需要经过培训才具备亲和力的员工,我们只聘用有

亲和力的人。"

实际上,人的本性难以改变。所见即所得。以态度和个性作为招聘的基准,你才能招到最合适的人。才能固然重要,但每个人可以通过良好的培训和训练逐步提升能力。但是,如果一个人具备正确的态度与良好的个性,一定的活力与野心,就可以通过学习掌握必要的知识,出色地完成销售工作。只录用你欣赏的人,只录用热情积极、乐观向上的人。

皆三法则

"皆三法则"(Law of Three)可以将你的招聘能力完善到90%。这是我通过多年实践总结出来的一套方法,我已经传授给成千上万的高层管理者。

第三章 人才选拔

一些大公司的高层管理者告诉我,这个方法彻底改变了整个公司的招聘方式。

"皆三法则"的第一步,当你要招聘一位新的销售人员时,至少要面试三位应聘者,然后再做决定。如果这个岗位薪资丰厚,将吸引众多应聘者,你的选择会大大增加。

"皆三法则"的第二步是对你中意的应聘者至少进行三次面试。永远、永远、永远不要录用一个你只面试过一次的人。与一个积极乐观的应聘者有说有笑地交流、互动时,我们很容易陷入由此产生的情绪中。这可能会影响你的判断力。

"皆三法则"的第三步是在三个不同的地方面试同一位应聘者。很多人具有我所谓的"变色龙"特质。也就是说,如果第一次面试是在你的办公室,接下

来的两次面试在走廊上的另一个房间里，或者街对面的咖啡馆里，应聘者就会随着面试地点的改变而变换"颜色"。他们会有不同的行为和个性。

"皆三法则"的第四步是至少再请三个人对你中意的应聘者进行面试。惠普公司的招聘政策规定，四位管理者共同参与面试，而且每位应聘者至少要参加七轮面试。最后，四位管理者一起投票，如果其中有一人对该应聘者不满意，此人就会被淘汰。

"皆三法则"的最后一步是访问曾与应聘者共事的推荐人，至少要访问三人。你可以向应聘者提一个关键问题："我准备与你提供的推荐人逐一进行沟通。在我打电话与他们交流之前，我应该先了解些什么？"

这时对方告诉你的答案往往会令你吃惊。

第三章
人才选拔

请记住,在初始阶段投入的时间越多,你在销售人员入职后需要投入的教育、培训、管理、激励成本就越低。慢慢来,不要急。

▶ 实践练习

1. 列一张清单,就像写订单一样,为自己与公司描述一个完美的销售人员。然后将每一个应聘者与这张清单上的内容进行对比。

2. 下一次为销售岗位招聘员工时,请运用"皆三法则",并在后续的职业生涯中不断实践该方法。

第四章
开个好头

俗话说,好的开始是成功的一半。

这个观点同样适用于新的销售人员。选拔出一批新的销售人员,将他们招入公司之后,你需要从第一天起就为他们打下坚实的基础。

多年来,我研究了数千位销售人员的工作业绩,有了一个重要发现,即员工开始工作的方式不仅决定着他未来几周和几个月内的业绩,甚至决定了他未来5~10年的业绩。实际上,销售人员长期的工作业绩主要取决于他入职后三个月内的表现。

第四章 开个好头

加入团队之前,销售人员的销售经验与技能可能极高、一般或很低。但即使已经从事过多年的销售工作,当他加入你的团队时,你也必须将他视为一个新手。虽然他在其他公司销售其他产品时积累了丰富的经验,但这并不意味着他了解你的业务、产品、销售特点或客户。他们的"工作成熟度"较低。

产品知识

美国 70% 的销售组织根本没有销售培训,只有"产品培训"。他们为销售人员提供一摞又一摞的销售材料、手册和产品说明,让他们自己阅读、消化。然后他们认为销售人员已经了解了产品,能够将产

品卖给挑剔又苛刻的客户，于是就让销售人员去拜访客户，推销产品。

产品知识非常重要，是实现成功销售的第一个重要因素。每位销售人员必须完全了解产品，并且通过有关产品知识的考查。充分了解产品有两个好处：第一，能提升销售团队的信心，提高团队成员继续从事销售工作的可能性；第二，当销售人员与潜在客户进行交流时，对产品的充分了解可以提高他们在客户心中的可信度。

销售技能

第二个实现成功的重要因素是高超的销售技能。一些公司会用 2~6 个月的时间来培训新的销售人员，

第四章
开个好头

然后才让他们走上街头,代表公司展示产品。进入IBM的新销售人员要接受18个月的培训,其中前9个月是课堂学习,后9个月将与其他销售人员一起在一线进行销售。完成18个月的培训后,新员工才能第一次独立接待客户。

培训新的销售人员时要慢慢来,不要以为他们已经掌握了所有的基本技能。通常情况下,一个人的销售业绩取决于他最薄弱的那项基本技能。一位新的销售人员可能已经熟练掌握了六项基本技能,但在第七项技能上的不足会阻碍他充分发挥潜力。

一则销售故事

我的一个客户公司录用了一个新的销售人员,

但这个销售人员难以胜任工作。公司原本认为找到了合适的人，但即使对他进行了大量的训练，他也卖不出产品。公司没有解聘他，而是让销售经理陪同他拜访客户，观察他的表现。

销售经理很快发现，这个销售人员缺乏一项基本技能。他无法应对对方提出的异议，也无法将其转化为购买理由。

回到办公室后，销售经理用了8个小时与这个销售人员讨论销售过程中可能遇到的最常见的异议，然后帮助他掌握如何流畅、自信地回答这些异议。

之后他重回销售岗位，不到一个月就成了销售明星，不到3个月就成了超级明星——全公司业绩最高的销售人员。当初公司意识到他可能在某一项技能上存在欠缺时，差一点就将他解聘了。之所以

第四章 开个好头

要讲这个故事,是因为你的销售人员与团队也可能会遇到同样的情况。

跟进目标完成情况

全力以赴完成销售人员的招聘和培训后,你需要持续监督他们的工作情况,直到他们达到你设定的业绩水平和标准。你要跟进他们的表现,甚至可以每天检查;同时定期听取员工的反馈,并给予他们反馈。新员工入职后,多为他们提供一些指导和鼓励,确保他们有一个良好的开始。

几年前,我接手了一个有28名销售人员的销售团队。当时团队内的士气十分低落,销售量非常低。这些销售人员没有底薪,收入全靠销售提成,因此,

如果产品卖不出去，他们就没有收入。我接手以后，每天早上给每个人一摞 3 英寸 ×5 英寸[1]的索引卡。每天下班前，他们要交回 5 张卡片，每张卡片上写一位他们拜访过的潜在客户的姓名及拜访的结果。

不到一周，神奇的事情发生了。在 28 名销售人员中，有 10 人选择了辞职，这 10 人每天都没有拜访任何客户。

而剩下的 18 人每天会拜访 5 位或更多新客户。根据概率定律（Law of Probability），他们的销售量与收入逐渐提高。不到一个星期，销售人员又充满了动力与活力。

---

[1] 1 英寸 =2.54 厘米。——译者注

第四章 开个好头

及时支付报酬

及时支付报酬也可以激励销售人员。对于新的销售人员，你可以每天向他支付当日酬劳。当销售人员带着成交的订单回来后，立刻收到相应的报酬，由此产生的激励效果会令你吃惊。

这种政策适用于新的销售人员入职后的 2~4 周内。此后可以将发薪日定在每周三与周五。再过一段时间后，可以在每周五支付一次薪酬。完成一笔销售订单后就能拿到报酬，这往往能激励一位销售人员乃至整个团队。一段时间以后，你可以每个月定期支付两次报酬，这也是业内的惯常做法。

良好的开端

如果你能投入大量的时间和精力，不断思考，让每一位销售人员都能接受良好的产品培训与销售培训，那么他们会更加出色地完成工作，在团队内留任的时间也更长。

实践练习

1. 选择一种管理和激励销售人员的方法，比如每天早上召开简短的销售会议，然后立即付诸行动。

2. 列出你将采用的方法步骤，确保每一位新来的销售人员都能做好充分的准备，投入工作，取得成功。

第五章
销售目标管理

一些具体的管理方法可以帮助你培养出顶级的销售人员,建立顶级的销售团队。商业上有一种方法叫作"目标管理"(Managemet by Objetive, MBO)。在销售中,我们称之为"销售目标管理"。

三个关键要素

《经济学人》(*The Economist*)曾刊登过一项针对业绩的研究。该研究涉及 20 个国家的 10000

个组织，约 150 名研究人员参与，目的是确定最能有效预示高绩效与高生产效率的因素。研究发现，在竞争激烈的市场中，有三个能够预示生产效率与盈利能力的基本因素，分别是设定目标、评价结果与奖励高绩效员工。

提升员工绩效的第一个关键要素是为员工设定目标。顶级的销售团队会为每一位销售人员设定每周和每月的销售目标与配额，也会设定每一天的工作目标。从开始工作到结束工作，所有销售人员都准确地知道自己每天应该做什么。

使员工取得高绩效的第二个关键因素是对每一项销售任务设置明确的评价方式与截止时间。你要让销售人员准确地知道自己的工作成果将以什么方式被评价、自己将如何得到报酬，以及评价的准确

第五章
销售目标管理

时间线与截止时间。

提升员工绩效的第三个关键因素是对高绩效员工给予丰厚的奖励。如果销售人员清楚自己完成更高的销售目标后将得到多少奖金,那么他们会有更强的动力去追求这些目标。

一视同仁

有时候,别人会对我说:"我的员工的工资完全依靠他们的销售提成,这样的话我如何告诉他们做什么?我可以为他们设置销售目标和截止时间吗?"

实际上,针对只拿销售提成的销售人员与单纯依靠固定工资的销售人员,你必须采取同样的管理原则。我的朋友吉姆·罗恩(Jim Rohn)常说:"一

流人才追求最高标准。"

如果你想吸引人才并留住他们,就要像对待精锐部队那样,每天都以清晰的标准和纪律要求他们,管理他们的一切行为,帮助他们达到既定的标准。在组织严密、纪律严明的销售团队中,最优秀的销售人员可以创造最高的业绩。

量体裁衣

销售人员的经验与能力各不相同,你需要为每一位新的销售人员制定与其知识和经验相匹配的销售配额与销售目标。对具备丰富经验并取得一定成就的销售人员,则要设置更高的销售目标。你要和团队中的每一位成员坐下来,根据每个人的背景与

第五章
销售目标管理

当前的市场情况,为他们设定合适的销售目标,明确他们每天必须完成的任务。

你要确定销售工作中每一项任务的目标,建立明确的绩效衡量标准。请记住:评价出成果。

在销售工作中,你无法控制或决定未来的销售量,只能控制销售人员的日常行动。无论在哪种市场上,控制销售人员的行动都能对销售量带来决定性的影响。你虽然无法左右短期内的销售量,但可以控制那些必然能提升销售量的行为。

明确要求

明确要求每位销售人员每天发展一定数量的客户。你要要求所有的销售人员追踪潜在客户,并与

潜在客户面对面交流；而对于近期已经拜访过的潜在客户和现有客户，要求销售人员进行回访，此外还需要发送一定数量的电子邮件或信件，经常与客户面谈等。

如果你们主要是通过电话来寻找新客户，那么你需要为销售人员设定一个最低标准——每天上午11：00前最少打10通电话。销售人员来上班后，需要先拿出电话簿，然后坐下立刻拨打电话。你的任务是确保每一位销售人员都在依照约定进行工作。

没有什么比明确、具体的行动路径更能激发销售人员的工作动力。但是反过来，如果销售人员每天上班后就像罐子里的玻璃球一样乱转，没有明确的方向和具体的任务要求，那么他们很快就会变得意志消沉，丧失工作的动力。

第五章
销售目标管理

讨论与约定

与新来的销售人员坐下来,共同讨论每一天的具体工作,并就此达成共识。每天下班前和他们一起简单回顾一天的工作,将复盘内容写在纸上,确保他们兑现自己的承诺。坚持每天复盘,一段时间以后,销售人员的销售量提高,收入增加,你就可以减除部分压力,将检查的频率降低为每周一到两次。但在最初阶段,你应该要求新的销售人员每天向你汇报。你知道规则:监督他们的目标完成情况。让销售人员知道你会进行定期检查。最后,对销售业绩与活动的评价要保持一致性与持续性。

肯·布兰查德(Ken Blanchard)说过:"反馈是冠军的早餐!"你的任务之一是为员工每一天的业

绩提供有效的建议和评价。与销售团队讨论他们完成了哪些任务，取得了什么样的效果，他们自身的感觉如何，销售人员学到了什么。

两个神奇的问题

结束与销售人员的谈话之前，或者在一天工作结束前，你可以问他们两个神奇的问题。

第一个问题是："你做了哪些正确的事？"这是一个积极问题。你在鼓励销售人员回顾整个过程——从拿起电话拨打、约见客户，到做好准备去与客户会面、向客户演示产品，以及销售会议中的每一个环节。

亚里士多德曾经写过："智慧等于经验加反思。"帮助销售人员在完成工作之后立刻进行反思——回

第五章
销售目标管理

顾销售工作中的积极方面——这些积极的行动能在销售人员的潜意识里得到强化,进而加深记忆。因此,他们会在以后拜访客户的时候重复这些行为。

第二个问题是:"下次你会做出哪些改变?"这个问题的答案同样是积极的。它能帮助销售人员回顾自己的表现,思考"下一次"如何改进。

守旧的销售经理经常会问销售人员:"你有哪些地方做错了?哪些地方搞砸了?你是怎么把销售搞砸的?"但心理学家发现,当一个人回顾自己的消极行为时,会在潜意识上记录和强化这些消极行为,在下一次拜访客户的时候,他很可能会重蹈覆辙。

但是,如果你和一个人谈论他在哪些方面表现出色,以及下次如何改进时,他的表现就更有可能得到提高——提高的速度比你想象的要快得多。

掌控感

在员工获得学习与成长后,你需要授权给他,这是最有效的激励手段之一。人们渴望获得对职业的掌控感。如果你能帮助员工思考如何提升自我,他们对自己、对你,及对工作都会感到满意。

实践练习

1. 与每一位销售人员讨论并制定明确的销售目标与行动目标。

2. 定期与每一位销售人员面谈或组织销售团队召开销售会议,回顾他们在销售工作中的行为与业绩,听取他们的意见并给予反馈。

第六章
销售心理学

20世纪心理学上最伟大的突破也许是发现了自我概念（self-concept）。实际上，销售人员的自我概念（即销售人员对自己的看法、感受和认识）与其销售业绩直接相关。

一个人的销售业绩取决于他对自我销售能力的认知。优秀的销售人员不仅热爱销售工作，而且认为自己非常善于销售。基于这种自我概念，他们会比那些怀疑自己及自身能力的人取得更高的销售业绩。

多种自我概念

人们对自己的收入水平也有一个自我概念。如果不采取补偿行为,一个人的收入不可能超过或低于其自我概念水平的10%。如果他的收入比其自我概念中的收入高10%或更多,他会做出"抛弃型行为",将钱花在无聊的消遣上、送人或用于赌博,甚至从事危害自身的活动。如果一个人的收入比其自我概念中的收入水平低10%,他会做出"拼抢行为",更加努力地工作,将更多时间投入到工作中,与更多的人进行交流,更加积极地赚钱,尽一切可能使自己的收入达到自我概念的范围之内。

第六章 销售心理学

销售经理对销售人员的影响

所有外在表现的改善都从自我概念的提升开始。自我概念是一个人的内心对自己的认识和感受。作为销售经理，你可以对销售团队的业绩提升产生重大影响。

销售经理的主要任务之一是尽一切可能提升销售人员的自我概念。人类非常容易受周围权威人物的影响，比如父母、老板和其他重要人物。因此，在销售人员的生活中，你是影响其自我概念的最重要的外部因素。

自我概念由三个部分组成，即自我理想、自我形象和自我尊重。当销售人员在一个或多个方面的自我概念得到提升后，他们的业绩和销售量也会相应提高。

自我理想

自我理想是一个综合性的形象或愿景,描述了销售人员可能成为的最优秀的样子。自我理想包括销售人员的目标、愿望及其最欣赏并渴望拥有的美德和品质。一个人越清楚优秀的标准,使自己变得优秀的速度就越快。自我理想对一个人的态度与行为都有极大的影响。

为了提高销售人员的自我理想,你可以鼓励他们选择行业内最优秀的人作为榜样或标准。参考公司、部门甚至其他行业的顶尖人物,告诉销售人员:"你可以成为这种人。如果你努力工作、努力学习,做正确的事,并一直坚持下去,你也可以成为商界最优秀的精英。"

第六章 销售心理学

在提升销售人员的自我理想时,请记住,从很大程度上来说,你可以对他发挥榜样的作用。通常情况下,如果你希望销售人员变得优秀,你必须先成为优秀的管理者。

员工和销售团队的素质往往能反映出你个人的素质、特点与能力。如果销售人员喜欢你、尊敬你、钦佩你,他们就会努力向你看齐。因此,你要经常问一问自己:"如果公司内每个人都像我一样,公司将变成什么样?"

自我形象

自我形象可以决定一个人每时每刻的表现。它也被称为人"内心的镜子",是指在某件事或某种情

况发生之前，一个人认为自己应该如何表现。你做什么和怎么做，都取决于你的自我形象。

自我形象取决于三个因素。第一个因素是你如何看待自己与理想的自己。如果你认为自己能够发挥最佳水平——即你相信自己是最优秀的销售人员——那么你的自我形象会更加积极，工作能力也会提升，进而带动销售业绩的提高。

决定自我形象的第二个因素是你如何看待他人对自己的看法或评价。我们很容易受他人看法的影响。当你不断称赞和表扬销售人员时，他们也会认为自己具备优秀的销售能力，从而更加善于与客户打交道。

决定自我形象的第三个因素是如何看待自己在他人心中的地位。如果一个人认为自己受到他人，

第六章 销售心理学

特别是上司的赏识与重视,他的表现将异常出色。

好消息是,每当人们开始一份新工作时,都有机会在自己的工作中树立新的自我形象。从他们进入新工作环境的第一分钟开始,其他人(特别是老板)如何对待他们,就决定了他们的自我形象。当你对新来的销售人员表达欢迎、赞赏和信心时,你会吃惊地发现,他们会变得更加优秀,并可能成为销售巨星。

自我尊重

自我概念的第三部分是自我尊重。这无疑是一个人个性中最重要的部分。它是销售业绩的控制阀,取决于一个人对自己的感受和情感。

一个人自我尊重的水平，即他"有多喜欢自己"，与他的销售业绩似乎有着直接的关系。当销售人员与客户打交道时，如果你能通过一言一行让他们更加喜欢和尊重自己，将提高他们的个人价值感、热情和决心。

销售经理的主要任务之一就是想方设法让销售人员认为自己很重要，很有价值。如果你的言行举止让销售人员认为自己非常重要或有价值，就可以提升他们的自尊，完善他们的自我形象，激励他们取得更好的业绩。

要提升一个人的自尊，使他感觉自己是一个"成功者"，最有效的方式可能是体验成功，即卖出产品或服务。你需要竭尽所能地培训、管理、激励销售人员，使其成功售出产品或服务，增加收入，从而

第六章
销售心理学

帮其提升自尊。他们的自尊水平越高,越有可能创造出更高的销售业绩。

> **实践练习**
>
> 1. 做员工的销售心理学家,不断寻找方法提高他们的自我概念,从而提升他们的工作业绩。
>
> 2. 从现在开始,设法让员工感觉自己是一个成功者,每次跟员工对话前先对其表示赞赏或鼓励。

第七章
运用业绩公式

对每个人而言，未来的自己可能比现在的自己表现得更加出色。业绩公式为 $A \times M = P$（能力乘以动机等于业绩）。态度比才能更能决定一个人的高度。

工作能力取决于才能，它是完成特定工作必备的特质与素质，此外还包括经验、受过的培训和教育。

才能本身又取决于三大因素。第一个因素是技能，它可以是天生的，也可以是后天培养的。第二个因素是经验，具备（曾经具备）的销售或销售管理的相关经验越多，越能在工作中有出色的表现。

第七章 运用业绩公式

第三个因素是才能,才能在很大程度上会受训练的影响。

加强培训

作为销售经理,你无法改变一位销售人员的技能或经验,因为它们都是过去式。当你聘用一位销售人员时,他会将技能和经验一起打包带来。

但是,你可以改变、调整或加强对员工的培训、教育。如果你招聘了具备合适的个性与态度的员工,他们会像运动队中的运动员一样,通过不断的培训和教育,加速发挥自身的能力,为公司做出更多贡献。

多年来,我与 68 个国家的 1000 多家大公司开展过合作。几乎所有成功的公司都有一流的销售团

队。所有顶级的销售团队，包括 IBM、施乐、谷歌、微软和惠普，每年都要花数百万美元来培训他们的员工。他们发现，培训的好坏直接关系到销售及其他工作的成败。

激励的四要素

激励受四个要素的影响，分别是领导风格、工作氛围、奖励制度和个人需求。这些又会或多或少地受到你的影响。

■领导风格

第一个要素是领导风格。销售团队中最重要的一个人是销售经理。销售经理能够影响每一位销售人员的工作动力与业绩，他的领导力——激励他人、

第七章 运用业绩公式

向他人授权并鼓励他人的能力——会对员工的工作动力与表现产生深远的影响。IBM的高层管理者发现，销售经理的能力是公司的"核心能力"。销售经理做出改变或提升个人的工作表现，能够迅速为企业的销售业绩带来飞跃。

■ 工作氛围

激励的第二个要素是工作氛围。你的公司是一个"卓越职场"吗？员工是否感到快乐？员工是否有积极向上的工作态度？员工之间是否融洽相处？他们是否期待着上班？他们是否认为自己可以坦诚地向上司表达想法与忧虑？

有一个简单的方法可以确定你是否营造了一个"卓越职场"。这个方法名为"笑声测试"。人的笑都是自发的、未经计划的，往往能真实地反映所处团

体的关系质量。

优秀的公司内常常有欢声笑语。员工经常互开玩笑，往往面带笑容，心情愉悦。显然，员工在职场上收获了快乐。在工作中，一个人的笑声越多，就会越自信、越积极，销售业绩也会越高。

■奖励制度

激励的第三个影响要素是奖励制度。正如某人曾说："不管怎么说，奖励可以让人更加努力地工作。"

事实证明，销售人员有两大动力来源：金钱和地位。收入的提高与收入提高的可能性都会激励销售人员。对有野心和业绩高的销售人员而言，这是最有效的激励因素。

销售人员也会受到地位（即自己对公司的重要性）的激励。但你千万不要误以为可以用地位方面

第七章
运用业绩公式

的奖励——例如奖杯和奖牌——取代金钱的奖励。

许多商界的高层管理者从未从事过销售工作。他们经常认为销售人员不会或不应该被金钱所驱使。他们认为销售人员的动力应该来自对工作的热爱或对公司的忠诚。这些高层管理者的想法无疑是错误的。

20世纪90年代,互联网繁荣发展,在美国硅谷有一家迅速崛起的公司,其总裁从未从事过销售工作。有一天,他宣布:"即日起,无论销售业绩如何,所有销售人员的薪酬将完全相同。"他觉得销售人员之间为了增加销售额而展开的竞争是"不得体的",销售人员应该从金钱以外的渠道获得动力。这一公告通过全国性的媒体发表。

你猜怎么着?不到6个月,公司的优秀销售人员悉数离职,加入了竞争对手的公司,因为这些公

司会为他们出色的销售业绩提供额外的奖励。留下来的只有那些对固定薪资相当满意的普通或平庸的销售人员。该政策实行6个月后,这家公司倒闭了,被竞争对手所吞并。直到今天,该公司的领导者仍然不明白,为什么不到一年的时间,公司的销售额就下降了80%,这也让投资者血本无归。

■个人需求

激励的第四个因素是个人需求。对处于不同职业生涯阶段的销售人员而言,要想取得出色的业绩,他们的需求也存在差异。

新的销售人员需要明确的安排与督导。销售经理需要明确告知他们需要做什么和什么时候做,然后密切监督其工作,确保他们保质保量地完成任务。

级别较高的销售人员则有不同的需求。他们大

第七章
运用业绩公式

多需要独处,希望与销售经理建立友好关系,然后请销售经理离开,自己独立开展销售工作。级别较高的销售人员不喜欢被过度控制,或者因为任何原因被限制或剥夺自由。

销售经理的任务是了解每位销售人员的需求。有些人需要更多的指导,他们需要定期与销售经理谈话,获得反馈,此外还需要技能训练和手把手的指导。也有一些人既不需要也不想要这些东西,只想出去销售产品。

作为销售经理,你要不断地问自己:"如何激励我的销售人员?要使这位销售人员发挥出最佳水平,我应该为他提供什么东西?"

大多数情况下,这个问题的答案很简单。销售人员需要清晰的销售目标,书面的、可衡量的业绩

标准与截止时间,以及销售成功的体验与基于业绩的奖励机制。当他们出色地完成任务后,需要得到表扬、鼓励和认可。如果你能满足销售人员的上述需求,那么在任何市场环境中,销售人员都能创造较高的销售量。

▶ 实践练习

1. 列出你团队中的销售人员名单,在每一个名字后面写出一到两项能帮助他提高工作业绩的个人需求。

2. 你对待所有的销售人员都要有这样的态度:如果能营造合适的工作氛围,使其取得最佳业绩,那么每个销售人员都能成为超级明星。

第八章
改进领导风格

在上一章提到的绩效公式中,有一个因素是你可以立即改变的,并且对提升销售人员的绩效有立竿见影的效果,这个因素就是领导风格。你的个人领导力提高后,销售人员的能力也会成倍提升,进而提高销售业绩。好消息是,作为一名销售经理和领导者,当你致力于自我提升时,你的进步将不可限量。

优秀领导者的特质

成千上万的员工,包括销售人员,都被问过这样一个问题:"你曾经遇到的最好的领导是谁?为什么?"似乎每个领域,包括销售领域,优秀的领导普遍具备两个特质:目标清晰与体贴周到。

■目标清晰

好领导具备的第一个特质是目标清晰。在描述"目标清晰"时,这些员工表示:"我始终清楚销售经理希望我做什么。"在销售领域,销售经理制定明确的目标,与销售人员详细讨论,然后帮助销售人员实现这些目标。每一位销售人员都知道自己每天应该做什么。

根据我的经验,不仅在商业和销售中,哪怕在

第八章
改进领导风格

生活中,成功 95% 取决于目标清晰。如果你与销售人员都清楚各自需要完成的任务,你们就能更快、更轻松地得到想要的结果。

■体贴周到

好领导具备的第二个品质是体贴周到。被调查者说:"我认为,好领导不仅关心身为员工的我,也关心作为个人的我。"

实际上,这意味着领导会花时间询问员工的个人生活、家庭情况,以及他们在办公室之外的一切情况。也就是说,当你与销售人员谈论业务时,你关注的是他们的销售业绩。当你与个人交谈时,你要将注意力集中在他们个人的事情上。

当一个人进行思考时,感性所占的比例是多少?逻辑、理性所占的比例是多少?答案是,人百分之

百是感性的。与员工建立联系的最快方式是关心对方的情感,即工作之外的个人情况和家庭生活。这会立刻让员工感受到温暖,进而更加投入地工作,更加忠诚于公司。

四种管理风格

你可能已经了解过管理方格(Managerial Grid),它将管理分成四个象限(风格),分别为告知型、推销型、管理型和激励型。但更重要的是,你要针对与你共事的人采取适合他本人的管理风格。

■告知型

"告知型"的管理风格是一种指导型的、亲历亲为的管理方式。这种管理风格要求你准确地告诉员

第八章
改进领导风格

工该做什么,怎么做,什么时候做,以及如何评价工作结果。然后你要跟进他的工作进展,就像师傅教徒弟一样,确保新来的销售人员按照要求工作,最后达到你所期望的结果。

■推销型

第二种管理风格是"推销型",即你需要花时间向销售人员解释他们需要做什么及为什么要这样做。你要给予他们鼓励,说服他们去完成必须要做的事(无论是为公司还是为自己),从而完成销售业绩。

■管理型

第三种领导风格是"管理型"。这种风格适用于经验丰富的销售人员,他们只需要少许指导和领导就可以完成工作。针对这类销售人员,你需要为他们设定明确的目标和标准,并设置清晰的评价方法,

然后确保他们每天都在做自己应该做的事。

■激励型

第四种领导风格是"激励型"。在公司内建立一套激励机制，激励员工不断进取。例如，许多公司会举行销售竞赛，可能每天一次，也可能每周或每月举办一次。大型公司会组织年度竞赛，销售人员如果完成或超额完成销售任务，就可以获得奖金、奖品、假期等奖励。

我的一位客户为他的员工设置了一套简单的奖励制度。即每个月的第一天，他会请上个月销售量最高的销售人员去一家昂贵的餐馆吃午饭。那些优秀的销售人员本身收入不菲，不会因为薪酬的小幅增长而受到激励，但与老板共进午餐是一种身份的象征，这能对他们产生强烈的激励效果。

第八章
改进领导风格

在每月的最后几天,那些优秀的销售人员(他们创造了全公司80%的业绩)会拼命工作,只为有幸能在下个月的第一个工作日和老板共进午餐。

你可以建立什么样的激励机制,激励员工取得最佳业绩呢?

黄金法则

杰克·韦尔奇(Jack Welch)在通用电气公司(General Electric)任职时曾对管理者说:"对待下属时,请想象他们第二年将升任为自己的上司。"

通用电气公司有一套高绩效激励与奖励体系。表现优异的员工不久以前还是你的下属,转眼可能就会成为你的上司,这种现象屡见不鲜,每年都会

上演。每位管理者都知道，这种情况可能随时会发生在自己身上，因此，他们会尊重每一位员工。

所谓黄金法则，是指你希望他人怎样领导自己，就应以同样的方式去领导他人；你希望他人怎样指导自己，就应以同样的方式指导他人；你希望他人怎样给予你反馈，就应以同样的方式给予他人反馈；你希望得到怎样的鼓励，就应以同样的方式鼓励他人不断进取；在与每位销售人员的互动中，你希望他如何对待你，就应以同样的方式去对待他，并为他提供建议和要求。

在管理中实践"黄金法则"，最重要的是为销售人员提供自由，使他们可以充分表现自己。曾与优秀的领导者合作过的员工说，他们最喜欢的一件事是，只要能够实现预期的销售业绩，就能得到相当

第八章
改进领导风格

大的自由,可以自行决定日常工作。

🏛 萝卜白菜,各有所爱

此外,请记住,每个人都是不一样的。每个销售人员可能需要不同的领导风格,或者多种风格的组合,这取决于他当时的经验和个人情况。你要灵活对待每一位销售人员,将他视为一个有别于其他人的独特个体。

▶ 实践练习

1. 请你回顾销售团队成员的名单,并且在每个人的名字旁边写下最适合他的领导风格,用于帮助他提升业绩。

2. 关心销售人员。你要养成习惯，每天询问员工一些简单的问题，例如，"一切进展如何？""你今天感觉怎么样？""你的家人怎么样？"你会惊讶地发现，这类一般性问题的答案都集中在个人身上，而不是工作上。你问的问题越多，销售人员对你与公司的投入度与忠诚度就越高。

第九章
奖励销售业绩

无论生活中、商场上，还是销售工作中，每个人都想获得成功的体验。如何获得成功的感觉？很简单。取得胜利，并因此得到回报。

当你实现了一个目标或者完成了一些有价值的事情，比如完成了一笔订单或者完成了销售指标，你就会觉得自己已经越过了终点线，自己是位成功者。每一次取得成功，你的自尊和自信都会得到提升，自我感觉也会更好，这也许是最大的回报。

除此之外还有其他的奖励形式。

金钱激励

第一个最明显的奖励就是金钱。与成就挂钩的金钱奖励会使人产生幸福与成功的感觉。依靠自己的努力赚取大量金钱，这是动力和热情的永久源泉。金钱之所以有意义，是因为人用它可以买到汽车、衣服、更好的房子、象征地位的物品并且过上更高品质的生活。

每当公司老板或销售经理问我如何在不付出金钱的情况下激励员工时，我都会告诉他们"我不知道"。销售人员总会关心自己能挣多少钱，自己有多少钱，以及他们在生活中需要花多少钱。

第九章 奖励销售业绩

使他人认识到自己的重要性

第二个重要的奖励是地位。当销售人员完成任务后,你要尽可能地提高他们的地位和威望,激励他们在未来创造更高的销售业绩。

成功的公司每年都会为业绩最高的销售人员颁发奖品、奖状、证书、奖杯等。他们通常会举办大型会议和颁奖典礼,让其他人看到获奖者领奖,从而受到激励,努力在将来的某个时候自己也登上这个领奖台。

事实证明,如果销售人员取得成就后,立刻得到了你的认可,他的自尊与自信就能得到极大的提升,以后也更有可能重复这种行为。所以,当销售人员完成了一笔交易,你要立刻将这项成就放大,向他表达感谢和祝贺,与他握手,对他的成就表示

赞赏和钦佩。

公开"炫耀"

第三个重要的奖励是"炫耀"员工的成就。要奖励那些取得了更高成就的员工,提升他们的地位,一个有效的方法就是当着他们的面向其他人"炫耀"其成就。当销售人员完成了一大笔订单,或者解决了一个难题时,你应该将他带到公司的"大老板"面前,向他说明这位员工的工作有多么出色,以及他是如何取得这项成就的。

当你向别人夸赞某位员工时,员工本人也要在场,这样一来,他会感到自己的价值和重要性都得到了提升,且更有动力去争取重复受到夸赞。

第九章 奖励销售业绩

认可

认可是另一个强大的激励因素。据说运动员，特别是跑步运动员，在面对大量观众时，往往能有更好的表现，且更容易打破纪录。掌声雷动可以使运动员有超常的表现。奥运会期间，数百万人观看比赛，大多数体育项目的纪录都会在这期间被打破。

当销售人员取得一定业绩后，你要尽可能地马上认可他的成绩，对他进行奖励、表扬和鼓励。如果员工的业绩能立刻得到认可和奖励，他们很可能再次取得同样的业绩。

积极关注他人

第四个奖励方法是关注。管理者与公司其他上

级领导的关注对员工而言是一种强大的激励因素。我们总是关注自己最看重的人。你在别人身上倾注的注意力越多，他们越能意识到自己的重要性和价值，进而提升自尊与自信。在这样的激励之下，他们会再次创造优秀的业绩。

如何对他人给予关注？你需要花时间和顶级销售人员相处，这是一项非常有价值的工作，远比文书工作更加重要。你只要有时间，就要选出一位销售人员，与他待在一起或者共同处理繁重的工作，其他工作则可以先放一放。

原则上，只有业绩最高的销售人员才能获得与你独处的机会。优秀的销售人员非常重视与领导一对一交流的机会，并且将此视为一种奖励。为了得到这个奖励，他们会努力实现更高的目标。

第九章 奖励销售业绩

提供晋升机会

对销售人员而言，晋升至一个责任更加重大的职位，是一种重要的激励，会让他们感觉到自己的重要性与特别之处。他们会感觉自己更像胜利者。尽你所能举荐或利用一切机会帮助销售人员在公司内得到升迁，这将有效地激励员工。

很多销售人员希望未来能够晋升为销售主管与销售经理。但是请注意，大部分优秀的销售人员并不擅长管理，将一位销售人员提拔到管理岗位上，可能不利于他个人与公司的发展。你可能会失去一位优秀的销售人员，同时得到一位糟糕的管理者——双重损失。

但你还有其他选择。销售人员可能存在不同的

等级，例如，销售顾问可以晋升为销售助理，再晋升为销售代表或高级销售代表。你可以不断提高销售人员的等级。

也可以像军队一样，设置一系列头衔。员工渴望获得新的头衔，其职业目标之一就是在个人名片上印上新的头衔。在这样的激励之下，员工会有更高的销售热情，进而取得销售上的更大成功。

> **实践练习**

1. 你要找出团队中最优秀的销售人员（即业绩排在前20%的销售人员，他们创造了全公司80%的业绩），选择一种方式，对他们表达个人的认可，最好当着其他人的面进行。不论你选择了哪种方式，请立刻行动。

第九章
奖励销售业绩

2.分析团队中表现一般或存在问题的销售人员，选择一种方式帮助他们提高销售热情，激励他们取得更好的业绩。不论你选择了哪种方式，请立刻行动。

第十章
持续的培训

要建立一个由优秀的销售人员组成的顶级团队,第一步是仔细筛选团队成员。一般来说,一个人很难做出改变。因此,销售经理的成功95%取决于对销售人员的选拔。

第二步是持续的培训与发展。没有持续的培训,销售团队不可能取得高业绩,就像一支运动队不经过持续训练,就不可能取得比赛的胜利。

第十章 持续的培训

保持销售健康

如果你是一名教练,要训练运动员参加奥林匹克运动会,那么你每天都要指导他们的训练和发展。只有进行有规律的体育锻炼,才能保证身体健康。同样的,作为销售经理,你也需要通过持续的培训,才能保持"销售健康"。

那些取得了最高业绩的销售团队,每周甚至每天都会进行培训。在我的研讨班上,很多销售经理与公司老板告诉我,通过每天培训,他们公司一年的销售额就增加了200%、300%,甚至500%。几乎所有人都承认,开始对销售人员实施有规律的培训之后,由此带来的销售业绩的提升令他们十分惊讶。

制订个人学习计划

或许你的日程安排无法保证每天都对整个团队进行销售培训。在这种情况下，你可以为每位销售人员制订清晰的个人与专业发展计划。制作一张图表或清单，列出销售人员需要学习的内容，以及为了提升销售技能而参与的活动。这张清单可以包含一些有声读物，销售人员可以在会见客户的途中听这些有声读物。此外，你可以推荐一些书籍与文章供他们阅读，也可以列出一些线上视频，让销售人员在每天工作前观看学习。

你应该制订一个内部销售培训计划，新来的销售人员在入职时都应该参加这一培训，而所有的销售人员至少每周都应参加一次销售培训。

第十章 持续的培训

每周组织销售培训

我的一位客户是一家跨国公司的部门销售经理。他告诉我，每周他都会组织销售培训，内容是观看一个有关销售的视频，然后进行讨论。不到一年的时间，该部门成为全公司销售额与盈利最高的部门。

他说，培训结束的第二天往往是一周中销售额最高的一天。每周为销售人员提供一个小时的培训，然后让他们讨论如何利用培训中学到的内容与客户交流，通过这个培训学习，整个团队的销售额达到了前所未有的高度。

业绩的基本原则

在商业与销售领域内有一条基本原则：如果员工没有接受过全面的培训，不知道该怎么做才能实现某一目标，那么你就不能指望他们实现这一目标。有时候，一个经过实践检验的、行之有效的技巧，就可以帮助销售人员获得更多的客户约见，或者让销售人员更加有效地演示产品或服务，或签下更多订单。

为员工制订持续的销售培训计划还有另一个好处，即帮助员工提升自己的销售量，从而提高收入。人们很快就会知道，如果想在这个领域赚更多的钱，最好的办法就是加入你的团队，因为这个团队可以提供行业内最优质的培训。

第十章 持续的培训

销售人员最渴望通过培训提高收入和自身价值。他们非常关心自己的"赚钱能力",总是想方设法提升这一种能力。

▶ 实践练习

1. 首先,你要列出成功必备的 7 项基本销售技能:发掘潜在客户,建立信任与和谐关系,准确界定客户需求,有说服力地展示产品或服务,积极回应异议,成交,实现再销售与获得推荐(见本书第十四章)。接下来,评估每位销售人员在这些关键技能方面的培训程度,依次打分,最高分为 10 分,最低分为 1 分。

2. 与每位销售人员坐下来,一起制订个人与职业发展计划。鼓励销售人员每天以某种方式学习和成长,将它视为销售和工作的常规任务。

第十一章
规划销售活动

80/20法则适用于生活的各个领域，尤其适用于销售的方方面面。实际上，只有20%的销售人员在工作上积极主动，能够"为工作制订计划，并且执行计划"。

80%的销售人员需要一个"行动路径"。他们需要清晰明确的方向、目标、评价标准与截止时间。销售经理的主要任务之一，就是确定这些内容。

第十一章 规划销售活动

控制可控的部分

由于各种各样的原因，销售人员很难确定下一个客户是谁，也无法确定一个人是现在就下单、等一会儿再下单，或者拒绝下单。潜在客户的生活与工作中存在很多外部因素，因此销售人员很难对他们的行为做出准确的预测。

但是销售人员可以控制自己每个小时与每天的销售活动。通过控制销售活动，可以间接控制销售业绩。

根据概率定律，如果销售人员采取了很多提升销售量的措施，那么销售量最终将得到提升。快速提高销售量的一种方法是增加销售活动。积极寻找潜在客户，拜访更多客户，频繁回访，积极提供对

方所需要的信息。即使销售人员不能准确预测销售量的来源，随着销售活动的增多，销售量也会越高。

销售人员联系、拜访、访问或给潜在客户发送电子邮件的数量直接关系到他们的销售量。因此，快速提高销量的另一种方法，是销售经理要规定每位销售人员每天拜访多少位客户。这是最简单的控制方法，方便计算和衡量。

即使只是要求销售人员每天拜访一定数量的客户，然后每天进行记录和回顾，销售量也会有一定程度的提高。

我的一个客户公司通过一项简单的政策就扭转了销售量。该公司要求每位销售人员每天要拜访5位潜在客户，一个月平均有22个工作日，每月就要拜访110位潜在客户。这个简单的措施非常有效。

第十一章
规划销售活动

销售经理的任务是让每位员工接受这一要求,然后监督他们每天上交拜访报告。销售人员知道,他们的工作表现将根据最低拜访数进行衡量,因此拜访客户的数量会显著增加,销售量也随之提高。

"100 次拜访"法

有一种提升业绩的策略叫作"100 次拜访"法。公司会举行一场竞赛,看谁率先完成对 100 位潜在客户的拜访。这个方法的优点在于,它不要求销售量。销售人员的任务只是通过电话与亲自拜访,与一百位潜在客户取得联系。

如果销售人员只需要完成这些拜访,却没有销售量的压力,他们会感到放松,工作效率也会得到

惊人的提高。因为他们"既在乎又不在乎",随着拜访的潜在客户数量增加,越来越多的潜在客户会转化为客户。

你可以将两位销售人员配对或者将多位销售人员组成一个小组,然后进行一场简单的竞赛。当两人或小组内有人率先完成了 100 次拜访,另一人或其他组员就要请他出去吃午饭。销售经理也可以向该员工及其配偶赠送一张高档餐厅的礼券,以此奖励他率先完成了 100 次拜访。

实践了"100 次拜访"法后,无论是个人还是团队,都会对销售量的迅速提高感到惊讶,更令人惊奇的是士气的提高。竞赛结束后,每个人都变得更加积极、更加热情,并且更愿意继续拜访潜在客户。

第十一章
规划销售活动

感谢卡

与我共事过的一家公司制定了一个简单的制度。每天工作结束后,销售人员必须回到办公室,向他们当天联系过或见过面的人每人发1张感谢卡,每天至少发送10张。公司提供卡片、信封和邮费。

这种方法的特殊之处在于,销售人员必须在一天结束时,带着至少10个人的姓名和地址回到办公室。然后,他们要与同事坐在一起,填写卡片。销售经理负责收集这些卡片并邮寄。

这样的严格审查,再加上同辈压力的作用,销售人员每天都会积极地联络10个或更多的潜在客户,然后带着他们的名字与地址回到办公室,为他们寄送感谢卡。销售量与销售人员的士气几乎立刻

就得到了提升。

我曾与一个销售公司合作，该公司在全市15家分公司中位列倒数第一。该公司共有30名销售人员，在要求每位销售人员每天晚上寄送10张感谢卡后，不到30天，销售人员就减少到了18位。不愿意拜访这么多潜在客户的员工只好离职。无须进行惩戒谈话或解聘面谈，他们会自行离职。

与此同时，剩下的18位销售人员每天寄出10张卡片，不到90天，这家分公司的销售量成为15家分公司的第一名。

快节奏很重要

快节奏和成功之间存在直接的联系，特别是在

第十一章
规划销售活动

销售方面。在优秀的销售团队中,每个人都十分忙碌,行动敏捷。没有人闲坐着和同事聊天、喝咖啡或看报纸。他们一直在忙碌、忙碌、忙碌。作为销售经理,你的任务就是让销售人员忙起来、动起来、活跃起来,并且不断提高销售活动的标准。让他们更加努力地工作。坚决要求他们提高工作速度,当面对机会、产生想法和客户咨询时,要做出快速回应。

快节奏可以让销售人员联系更多的潜在客户,然后迅速转化为更高的销售量。整个团队的活力与生产效率都会提高。销售人员更加快乐、更加积极,销售量与个人收入都会提高。

销售人员喜欢明确的目标、忙碌的工作与活跃的氛围。他们热爱工作,愿意努力创造销售业绩。

你越是让他们忙碌,他们就越喜欢你、尊重你,将你视为真正的领袖。

▶ 实践练习

1. 你要为每位销售人员设定清晰的活动目标。将目标写下来,每天检查。告诉销售人员,这样可以尽可能地提高每个人的收入。

2. 在销售团队中组织一场"100 次拜访"竞赛。为获胜者提供奖品。每年进行 2~4 次这样的竞赛。

第十二章
满足销售人员的基本需求

一个人的基本需求得到满足后,才能拿出最好的表现。销售经理的任务之一就是系统安排工作,满足销售人员的基本需求,使他们从心理和情感上解除束缚,取得更好的销售业绩。

马斯洛需求层次理论

心理学家亚伯拉罕·马斯洛(Abraham Maslow)因其需求层次理论而闻名于世。他指出,人类有五种

基本需求，且从低级到高级逐级形成并得到满足。

生理的需求

第一级是生理的需求，即生存需要，生存本能是最强大的动力。如果生存受到威胁，我们什么都不会想，对其他所有需求都会丧失兴趣。幸运的是，在我们的社会中，除了极为罕见的情况下，大部分时候生存需要都能得到满足。

安全的需求

当生存的需求得到满足之后，就出现了第二级需求——安全的需求。这里的安全是指各种各样的安

第十二章 满足销售人员的基本需求

全,例如,生理上的安全,情绪上的安全,特别是经济上的安全。为了满足生理上的安全需要,人们需要充足的食物、居所、衣服、交通工具等。情绪上的安全是指人们需要被周围重要的人喜欢、接纳和信任。经济上的安全是指我们需要有足够的金钱,不必终日担心贫穷或亏损。

这两项基本需求必须在一定程度上得到满足(每个人需求的程度不同),才能使一个人开始考虑满足更高等级的需求。因此,经济上的安全,即赚取足够的金钱,维持一定的生活水平,对销售人员的表现至关重要。

■ **归属的需求**

马斯洛认为,第三级需求是归属的需求。人们需要知道并感受到自己在工作与社会环境中得到了

周围人的认可和接纳。

公司聘用一位新员工后,第一件事就应该是将他介绍给其他同事。同事们互相认识、互相喜欢、彼此接纳,以和谐、合作的精神共事,这样可以提升士气,创造更好的工作业绩。

在我的公司,我的主要职责就是维持团队和谐,任务是确保每个人都能愉快、舒适地工作。因此,如果我发现某位员工给公司或团队带来了负面影响,就会立刻将其解雇。员工们知道我不会让他们遭受其他人的负面影响,因此他们在做任何工作时都会更加快乐、更加有成效。

■自尊的需求

第四级需求是自尊的需求。人们需要感觉到自己是有价值的、重要的、受人尊重的,能得到他人

第十二章
满足销售人员的基本需求

的喜爱与赞美。人们需要喜欢自己并认为自己对组织做出了重要的贡献。

销售经理需要尽可能地帮助销售人员建立自尊和自信。这种自信会让他们更加积极地投身于销售活动,并取得更高的销售业绩。

■自我实现的需求

在马斯洛的需求层次理论中,最高级的需求是自我实现的需求,即最大限度地发挥自己的潜能,不断完善自己,赢得周围人的尊重、认可与赞美,从而实现自己的所有梦想。

销售经理的目标之一是帮助销售人员逐步满足五个层次的需求,最终建立自尊并达到自我实现。努力满足高级需求的销售人员,使其成为团队中最快乐、最有创造力且业绩最高的员工。

员工的三大基本需求

在工作中,人有三个基本需求:依赖需求、自主需求与相互依赖需求。

■依赖

当人们认为自己是某个更大实体的一部分时,依赖需求就得到了满足。他们认为自己是公司或组织的一部分,属于这个公司或组织,公司或组织也属于他们。因此,如果你能花点时间,将公司内正在发生的事情告知员工,让他们参与讨论与决策,那么员工会觉得自己是公司的一部分,而不会将公司视为一个独立的实体。

美国前劳工部长罗伯特·赖克(Robert Reich)表示,当他走进一家公司,通过员工提及自己和公

第十二章
满足销售人员的基本需求

司时所使用的代词,就能立刻看出员工在心理上与情感上的倾向。他说,在优秀的公司中,员工描述业务时常用"我、我们和我们的":"这是我的公司。我们在这个公司的目标是做出这些结果,我们共同努力来实现这些目标。"

■自主

人的第二项需求是自主或独立。人们希望自己不仅是团队的一个成员,而且希望自己作为个体可以从团队中脱颖而出。因此,如果你想提升团队的业绩,就要对个人业绩予以认可、奖励和强化。

■相互依赖

第三个,最高等级的需求,是相互依赖,即团队正在努力实现重要的目标,是每个成员都认为自己是这个团队的重要组成部分,并且获得认可

与尊重。

每个人都有各种各样的需求。销售经理必须满足销售人员工作中的每一个正当需求，才能使他们有最佳表现。当工作中的基本需求或者马斯洛的需求层次结构中的需求得不到满足时，销售人员的业绩将难以提升，他们往往会丧失工作热情，甚至辞职或者遭到公司的解聘。

富有成效的销售会议

能够满足上述所有需求的最有效的工具之一就是销售会议。每天早上八点，召开半小时的销售会议，我利用这种方法盘活了多个销售团队。在这三十分钟内，我会让每个人发言。我也会向团队传

第十二章
满足销售人员的基本需求

达公司正在做的事,以及他们一天、一周和一个月的目标。我会指导他们、培训他们、鼓励他们。在会议结束时,销售人员会感到自己的依赖需求、自主需求、相互依赖需求都得到了满足。然后他们就可以走出去,创造自己辉煌的业绩。

> **实践练习**

1. 你可以做什么或说什么,使员工感到更加愉悦、更加安全,并让他们更加投入地工作?

2. 下一次销售会议上,你可以挑选几位销售人员,对他们取得的成就给予表扬和认可。

第十三章
保持专注

作为销售经理,作为团队的指挥官,你的主要职责之一是确保销售人员将全天的注意力集中在最有价值的活动上,从而创造销售业绩。

美国哥伦比亚大学的一项研究显示,销售人员平均每天只工作大约九十分钟,即一个半小时。剩余时间全都用来做准备、放松、与同事闲聊、网上冲浪、喝咖啡、看报纸和吃午饭。

我们曾用秒表记录了一个由 300 人组成的销售团队的实际工作时间,证实了哥伦比亚大学的研究

第十三章
保持专注

数据。经过一个月的记录之后，该公司惊讶地发现，销售人员平均每天的工作时长为九十分钟零四十二秒。

什么时候工作？

销售人员什么时候才会工作？当他们与一定时间内可能会下单的潜在客户面对面的时候。只有在发掘潜在客户、展示产品或服务，以及成交的时候，销售人员才会工作。其余时间里，他们只是在磨洋工，做一些毫无收益的活动。

我的一位朋友是一家大型跨国公司的销售经理，该公司在100多个国家里设立了2000家分公司。他曾做过多年的销售员，后来升任销售主管，在晋升为销售经理后，他接手了业绩最差的一家分公司，

任务是提高该分公司的销售额。

他穿越美国前往新岗位赴任。星期一，也是当月的第一个工作日，一大早，32名销售人员拿着星巴克咖啡和报纸走进办公室。这家分公司的历任销售经理均以失败告终，最后都不光彩地辞职了。销售人员认为，对于这次上任的销售经理，他们依然能让他一败涂地，然后落荒而逃。

全新的工作秩序

但这次他们错了。第一天，销售经理就提出，每天早上八点召开销售会议。然后他问："你们注意到这间办公室里缺了什么吗？"没有人能回答。他说："这里没有客户。如果客户不在办公室里，你们也不

第十三章
保持专注

应该待在这里。销售会议现在结束,请你们立刻出去拜访客户吧。"

第二天,销售人员发现,办公室里所有的桌椅都在一夜之间被搬走并卖掉了。

新来的销售经理说:"既然你们一整天都不需要待在办公室里,那么你们也不需要任何桌椅,我们可以站着开销售会议。会议到此结束,希望你们能顺利拜访客户并签下订单。祝你们拥有愉快的一天!"

一个月内,有12位销售人员辞职。他们拒绝在这种"全新的管理体制"下工作。剩下的销售人员开始拜访更多的潜在客户,进而提高了销售量,增加了收入,他们也因此动力十足,办公室内充满了干劲,每个人都受到了影响。

不到6个月的时间,这家分公司就从所有分公

司中第 2000 名（倒数第一）提升到 1000 名。两年内，它的销量跃升为第一名，销售人员的收入也达到了所有分公司的最高水平。

这是一个真实的故事。几年前，我在一个销售研讨班上分享过这个故事。课间休息时，一位销售人员向我证实了这一点。他说："那段时间我就在这家分公司工作，见证了所有的变化。那是一段不可思议的经历，你所说的千真万确。"

80/20 法则

80/20 法则是指，20% 的活动将创造 80% 的结果。换句话说，80% 的活动只能创造 20% 的结果。这一点在销售与销售管理中得到了淋漓尽致的体现。

第十三章 保持专注

在销售工作中，20% 的销售人员可以带来 80% 的销售业绩。也就是说，团队中另外 80% 的销售人员只能创造 20% 的销售业绩。你必须训练自己，将时间与注意力放在前 20% 的销售人员身上，他们是公司的中流砥柱。

销售经理的职责之一是确保每个人在每件事上都能使用 80/20 法则。

向销售人员解释该法则，即 80% 的业务来自 20% 的产品和服务，80% 的业务来自 20% 的潜在客户。公司从销售中获取的 80% 的利润来自 20% 的产品及 20% 的销售人员与客户。

20% 的销售活动能带来 80% 的销售业绩，这些活动包括发掘潜在客户、展示产品或服务、成交。最重要的任务是与可能会下单的潜在客户进行面对

面的交流。你的任务是确保销售人员在这些活动上投入更多时间。

当我刚开始销售生涯时,有人向我分享了一条"咒语",它陪伴了我几十年。"咒语"是这样说的:每时每刻都要扪心自问,作为一名销售人员,"我现在所做的事能否促成一笔订单?"

如果不能促成一笔订单,立刻停下来,去做那些能让客户下单的事情。多年来,无论我在哪一个销售团队中,这条"咒语"都能鞭策我,使我成为团队内最优秀的销售人员,帮助我卖出代理的每一件产品与每一项服务。这条"咒语"也帮助无数销售人员成为超级销售明星。如果你的团队成员都能践行这条"咒语",你也将成为销售经理中的巨星。

第十三章
保持专注

> **实践练习**

1. 反复向销售人员讲授 80/20 法则，帮助他们明确自己一天中最重要的任务。

2. 为每位销售人员购买秒表，让他们记录一个月里每天与客户面对面交流的时间。下个月的目标就是将这个时长加倍。

第十四章
运用持续改进法

持续改进（continuous and never-ending improvement，CANEI）是一种态度，是当今全球最成功、最赚钱的公司的背后驱动力。它也应当成为你的人生态度。

根据持续改进法，你需要想方设法从各个方面提升业绩，从选拔销售人员，到管理与激励销售人员。你也要鼓励销售人员从各个方面不断精进，从首次联系客户到产品配送，以及客户满意度。

质量圈（quality circle）是对持续改进法的一

第十四章
运用持续改进法

种应用。每周将团队成员召集起来,讨论如何改进销售方法并提高效率。好消息是,销售中的每一个过程都可以并且应该得到持续地改进。有时候,一项关键技能的改进就能给结果带来质的飞跃。最有效的方式是围绕影响销售业绩的关键环节构建质量圈。

影响销售结果的七个关键环节

在销售工作中,有七个关键环节和一个额外的技能:

1. 发掘潜在客户;

2. 建立信任与和谐的关系;

3. 准确界定需求;

4. 进行有说服力的产品或服务展示；

5. 积极应对异议；

6. 成交；

7. 获得再销售与推荐。

此外，销售人员还应掌握的一项技能是时间管理。

■ **发掘潜在客户**

请你给自己在这一环节的表现打分，满分为10分。在为产品与服务寻找与挖掘新客户的过程中，你收获了多少快乐？如果你给自己打的分较低，这方面就可以成为质量圈的一个主题。你可以将团队成员召集起来，共同找出提高潜在客户数量与质量的方法和技巧。

心理学上有一条法则，即当你始终专注于某件事时，你在这件事上就能得到提升，甚至有时提升

第十四章 运用持续改进法

的速度非常快。当你与别人坐下来,一起讨论如何发掘更多的新客户时,他们会想出许多点子,这些想法对他们自己有帮助,可能还适用于销售团队中的其他人。

■建立信任与和谐的关系

你应该听过这样一种说法:"人们不在乎你知道多少,除非他们知道你有多在乎他们。"与客户建立充满信任的良好关系,这是销售过程的重要起点。

客户只有确信销售人员更在乎的是他们而不是成交时,才会有兴趣与销售人员见面或交流。你该如何更好地与新的潜在客户快速建立高度信任呢?

■准确界定需求

请客户回答预先设计好的问题,这些问题囊括了一般问题和具体问题,目的是发现和确定一个潜

在客户的真正需求。从客户的角度来看，这是销售过程中最重要的一部分，它决定了客户是否对产品或服务感兴趣，是否会下单。你该如何改进提问和发现这些问题的过程？

■进行有说服力的产品或服务展示

通过访问数千位下单的客户，结果发现，他们往往是在产品或服务的展示过程中决定下单的。销售人员根据事先确定的客户需求，在介绍产品或服务时，着重强调产品或服务能为客户带来的最大益处，这是决定销售成败的最重要的因素。好消息是，所有产品或服务的展示都可以通过某种方式不断加以完善。销售人员该如何提高他们的展示技能呢？

■积极应对异议

任何销售过程都会出现异议。任何一位客户都

第十四章
运用持续改进法

会关心该产品是不是他目前所需要的及产品的价格是否合适。那么，潜在客户最常见的拒绝购买的理由是什么？你如何更加有效地回答或应对这些异议？

■ **成交**

即使是最有可能下单的潜在客户也未必会主动下单。为了使对产品或服务感兴趣的潜在客户采取行动付款购买，最有效且不会对客户造成压力的方法是什么？如何改进你的成交方法？

■ **获得再销售与推荐**

如果客户对产品或服务感到满意，他会再次下单。客户的稳定回购是所有公司获得高收益的关键。此外，这些客户会向新的潜在客户推荐该产品或服务，这是销售过程中一个重要的环节，也是能够带来很多收益的一个环节。销售人员的哪些行为能够

保证客户下单后有极高的满意度？如何提升未来客户的满意度？

■**时间管理**

高收入、高效能的销售人员往往比那些低收入、低效能的销售人员更加善于利用时间。在你的团队中，业绩最高的销售人员每天会使用哪些时间规划与时间管理技巧？如何指导、训练并鼓励销售团队不断提高时间管理质量，从而提高销售业绩？

■**质量圈的组建过程**

组建质量圈的最佳方法是每个星期专门拿出一小时的时间，召集销售团队的全体成员，共同针对销售过程中的一个环节与一个问题提出持续改进的方法。

让每一位销售人员阐述如何尽可能地在一个影

第十四章
运用持续改进法

响结果的关键环节上做到完美,如何将"最佳方法"应用于自己的销售活动中。

组建质量圈的最佳时间是星期一上班后的第一个小时,此时可以让销售人员立刻将新的想法付诸实践;或者是星期五下午下班前的最后一个小时,此时销售人员已经积累了一周的销售经验。

人人参与

实践质量圈时还需要一种跨领域的方法,即将各个业务领域的员工,甚至是负责接听客户电话的接待员召集起来,请他们就如何改进销售流程和客户体验进行交流和分享。

你可以请市场营销人员、会计、生产人员与物

流人员也参与进来,他们往往会提出不同的观点,然后大家一起讨论改进方案与解决方案。方案应尽可能具体,并以行动为导向。不要说"让客户更满意",应该说"在客户来电响铃两声之内接听,在一小时内回复客户的询问"。

员工对公司的忠诚度与投入程度取决于他是否认为自己参与了公司正在进行的事务。在持续改进的过程中,销售团队成员参与得越多,他们就越敬业、越坚定、越高效。

▶ 实践练习

1. 你现在就下定决心,每周找出一个小时的时间,将团队成员召集起来,共同探讨如何提升每个人在各种销售活动中的表现。

第十四章
运用持续改进法

2.每周选取一个影响结果的关键环节，选用一种持续改进的新方法，并且让所有人立刻将此方法付诸实践，并报告成果。你会惊讶地发现，销售业绩将不断提升。

第十五章
利用头脑风暴提高销售量

销售经理的主要任务之一是让每一位销售人员都能释放出全部潜力。巧合的是，销售人员往往储藏了巨大的潜力，却只有很少一部分得到了利用，如果能够释放他们的全部潜力，销售业绩也将得到提升。

销售经理可以利用头脑风暴来提升团队的销售量，这也是释放团队潜力的一个最佳方法。销售经理要定期与销售人员开会，针对他们所面临的具体问题——特别是难对付的客户、不断变化的竞争环境、对产品和服务的需求变化等问题——及日常阻

第十五章
利用头脑风暴提高销售量

碍他们创造更高业绩的难题进行头脑风暴，讨论解决方案。

幸运的是，早在1945年，商业领域的思想家就已经构建了一个完美的头脑风暴流程。他们制定了针对头脑风暴的一系列规则和原则，能够帮助你在短期内取得令人惊喜的成果。

商业上最伟大的一个概念是"协同作用"。其含义是一群人以和谐的方式协同合作，创造的成果远大于每个人单独工作的成果之和。这个概念也适用于头脑风暴。

提出想法

作为销售经理，你要定期组织团队召开头脑风

暴会议，可以每周一次，或者在出现问题或面对妨碍销售的难题的时候，进行头脑风暴。

头脑风暴会议的理想时长是 15~45 分钟。组织头脑风暴会议时，要准时开始，准时结束，并且在会议开始时明确说明此次会议的时长。

头脑风暴会议应该针对一个需要实际答案的问题，例如，"如何在未来 90 天内将销售量提高 20%？"或者"怎样让更多的客户更快地下单？"

销售过程的每个环节都可以成为头脑风暴问题。例如，你可以问："怎样找到更有可能下单的潜在客户，并且安排会面？"

你也可以问："第一次与客户会面时，可以通过哪三件事与客户建立高度的信任与和谐的关系？"问题种类多样，只要你能想得到。

第十五章 利用头脑风暴提高销售量

合理的结构

头脑风暴的最佳组织方式是让参与者围成一个圆圈,这样每个人都能看到其他人。在头脑风暴会议中,当人们可以看见其他人,听见其他人说话,并且能与其他人进行眼神交流时,他们会受到更大的鼓舞与激励,提出更多想法。

每一次头脑风暴的重点都是想法的数量而非质量。头脑风暴方面的专家已经发现,提出新想法的数量越多,越有可能找到一个对公司有重要意义的想法。鼓励人们说出能够想到的任何想法,始终专注于提出尽可能多的想法。

在公司中进行头脑风暴时,我们通常会指定两个人。一人为组长,确保小组的每个人都有机会发

表自己的意见。有些人或许比较沉默寡言，或者羞于在其他人面前表达自己的想法，这时组长必须要给予他们特别的鼓励。通常情况下，那些话少的员工往往能提出开创性的想法，改变公司整体的销售业绩。第二个人是记录员，主要工作是尽可能快速地记录每个人提出的每个想法。在一些头脑风暴会议中，参与者可能有六七人，你可以安排两三个记录员，及时记录组员提出的新想法。

人数越少越好

进行头脑风暴的理想的小组规模是 5~7 个人。少于 5 个人，头脑风暴潜在的价值会被削弱，也无法产出足够多的想法；多于 7 个人，可能无法保证

第十五章
利用头脑风暴提高销售量

每个人都有机会最大限度地做出贡献。

头脑风暴成功的关键是绝对不做评价。无论一个人提出的想法听上去多么奇怪或疯狂,其他人都不要加以评论或批评。通常情况下,将一个荒唐的想法与另一个荒唐的想法结合起来,或许可以生成一个非常了不起的点子,能够实实在在地改变结果。

此外,要根据先前宣布的时间准时结束会议。有截止时间的压力可以增加产出想法的数量。

评价

头脑风暴会议分为两部分。第一部分是提出想法(如前文所述),第二部分是评价想法。

当团队成员提出了足够多的想法并将它们一一

记录之后，接下来你可以逐一对想法进行评价。如果是针对一个问题的头脑风暴，参与者分成几组，每组5~7个人，那么我们通常会将一个小组所有成员提出的所有想法收集起来，交给邻组，由邻组进行评价。在这种情况下，由于大家所评价的想法来自其他小组，因此不会依靠自我意识判断想法的对错或采纳与否。

在评价想法的时候，你需要浏览这些想法，并进行讨论，选出最有可能马上付诸实践并改善销售业绩的方法。员工参与讨论的程度直接关系到他对公司的忠实程度。如果一个人有机会为提升工作业绩贡献自己的想法，他对公司的忠诚度与对工作的积极性都会提高，也会更加出色地完成工作。

第十五章
利用头脑风暴提高销售量

释放创造潜力

头脑风暴是激励员工的有效的方法之一,这可以让他们发挥创造性思维,不断地帮助公司想出更多的解决方案,更加出色地完成工作。

每个人都有自己的想法。多年来,我在美国各地为不同的组织教授头脑风暴的方法。那些行政助理、办事员、初级员工和其他在业务或市场方面经验有限的员工所提出的想法的质量和数量往往都令人吃惊。他们的一些想法价值数千甚至数万美元。

定期组织头脑风暴会议的最大好处也体现在它对你个人的影响上。大多数情况下,通过头脑风暴,你会变得更加聪明、敏锐、富有创造力。与那些不会定期组织头脑风暴会议的管理者相比,人们对你

的评价会更高。让销售人员贡献出更好的点子，共同实现公司的销售目标，如此一来，你的销售团队将创造出更高的每日业绩与每周业绩。

实践练习

1. 头脑风暴的内容要挑选团队成员都十分关心的一个问题或目标。

2. 现在或者在今天晚些时候就组织一次头脑风暴吧。正如耐克（Nike）的那句广告词：想做就做！

第十六章
严格要求销售人员

销售经理的主要目标之一是打造一个业绩拔尖的销售团队,因此必须严格要求销售人员,使其最大限度地发挥各自的能力。

最优秀的运动员,以及你的团队中最优秀的成员,都喜欢严明的工作与组织纪律。

如果你制定了较高的标准,要求销售人员始终要达到这个标准,这样一来,你就帮了所有团队成员一个大忙。许多人回首往昔时,会想起自己曾遇到一位对业绩要求很高的严厉的老板,帮助他们改

变了对自己和工作的态度。在这个老板的领导下，他们取得了前所未有的辉煌成就。

纪律严明

我最欣赏阿尔伯特·哈伯德（Elbert Hubbard）对"自律"的定义："自律就是让自己在必要的时候做该做的事，无论自己愿意还是不愿意。"

当你想做一件事时，不需要任何纪律约束。如果你应该做一件事，但你想做的是另一件事，此时就需要严明的纪律。如果一项工作需要你的努力、坚持和决心才能完成，那么你在做这项工作时就需要有纪律的约束。自律是培养优秀品格并取得卓越成绩的唯一途径。以纪律约束员工，这是打造高绩

第十六章
严格要求销售人员

效团队的关键,特别是对销售团队而言。

吉姆·罗恩[1]说:"成功源于自律。"他还说:"自律的痛苦远不及悔恨的痛苦那么沉重。"

齐格·齐格勒[2](Zig Ziglar)说:"如果你对自己严苛,生活就会变得轻松。但是,如果你对自己宽容,生活就会变得艰难。"

设定明确的业绩标准

与员工进行惩戒谈话之前,你必须保证已经制定了严明的纪律要求。当你设定了明确的业绩标准

---

[1] 美国杰出商业哲学家,提倡快乐致富。

[2] 美国杰出的推售大师。

和目标，每位员工都应该知道、理解并接受这些标准与目标。

设定了明确的目标和标准后，你也必须设定明确的截止时间。标准与目标不是自发的，也不是任意制定的，与销售人员个人的选择或判断无关。你必须从一开始就明确地指出，不能或不符合这些标准及在截止时间之前无法达标的人必须离开团队，将职位让给那些愿意为达到业绩标准而努力的人。

为了维持团队纪律，你必须定期回顾业绩，至少每周一次，最好每天一次。正如本书第十一章所述，你应该为团队中的每个人制订明确的行动计划。这些计划包括每天和每周要拜访的新客户数量，要会见或与之交谈的客户数量，展示产品或服务的次数，以及保住这份工作所需要达到的销售规模与数量。

第十六章
严格要求销售人员

进行业绩评估

刚担任销售经理的时候,我曾与一些很难相处的老板共事。当时我认为业绩评估的目的是批评销售人员业绩不佳,要求他们不断提升。后来我才意识到,业绩评估的真正目的不是惩罚员工,而是提高业绩,自此我迎来了管理生涯的转折点。

如何提高业绩?唯一的办法就是帮助员工提高自信与能力。当你批评或指责员工表现不佳时,实际上是增加了这种不佳表现再次发生的可能性。员工会过分紧张,害怕遭到后续的批评,反而不会再卖力工作。

通常情况下,建议公开表扬,私下批评。如果要给另一个人负面的业绩评价,应该选择只有你们

两人在场的情况，这样可以使他免于尴尬，也让他更有可能在以后采取改进措施。

■**解释你的担忧**

在对销售人员评价时，你首先应表达对他的业绩的关心。多用"我"，少用"你"。可以这样说："你的订单成交数量没有达到我对大家的要求，我感到很担心。"

通过这句话，你将焦点放在了销售量上，而不是销售人员本身。讨论时，你们可以将面前的销售数据当成其他人的数据，客观评价，不掺杂任何感情，共同寻找改进方法。这样做可以缓解业绩评估给销售人员带来的恐惧与压力，使他理性地讨论提高业绩的方法。

在业绩评估中，最有效的词语是"下一次"和"未

第十六章
严格要求销售人员

来"。例如，当你谈到销售业绩没有达到预期时，你可以问该销售人员，"未来"是否能达到某个水平。或者你可以说："下一次出现这一情况时，为什么不试试这样做（并举出具体策略的例子）？"

如果你将注意力放在未来——那是销售人员可能有所作为的时候，他们会获得希望，保持乐观的心态。如果你总为过去的业绩批评销售人员，他们往往会感觉自己深陷困境，进而感到气愤，并存下对你的戒心。

■明确问题所在

与销售人员一起找到的问题所在，可能是时间管理欠佳，对潜在客户的发掘不够，或者是无法成交。然后与他就出现问题的环节制订改进计划。员工需要明确，自己应该多做什么，或者少做什么。

该销售人员需要做什么？或者停止做什么？在谈话期间做好记录，将你们已经达成共识的内容留下书面记录。

为销售人员提供额外的培训、支持和指导。通常，销售人员某项技能上的欠缺可能会妨碍整个销售过程。一次音频课程、视频培训课或现场研讨班往往就能让一位销售人员的水平从平庸跃升为卓越。

思考解决方案

作为销售经理，你要经常思考如何帮助销售人员更好地完成销售。请记住，销售经理的主要任务之一就是培训、指导销售人员，为他们提供建议与帮助。

第十六章
严格要求销售人员

严格但公平,不要放松对员工的要求。如果销售人员同意采取某些改进措施,你需要确保他履行了承诺。定期进行检查,如果有必要,可以每天检查。你需要表现出亲和力,同时也要维持严明的纪律。这正是销售人员所需要的。

你要始终以高标准要求所有的销售人员。

> **实践练习**
>
> 1. 你可以找一个存在问题的销售人员,单独与他讨论销售业绩,想办法帮助他改进。
>
> 2. 你要确保所有的销售人员每天与每周都有清晰、具体的业绩标准,并且将这些标准写下来,要求所有人定期向你提交销售报告。

第十七章
解聘业绩不佳者

吉姆·柯林斯（Jim Collins）在其著作《从优秀到卓越》（*Good to Great*）中提出了公司成功的七大要点，其中之一是：让合适的人上车，让错误的人下车，然后将合适的人安排在合适的位置上。

管理者一生中压力最大的时刻是解聘他人的时候，压力第二大的时刻是自己被解聘的时候。

人们常说："你如果没有体验过第一种压力，那么一定会体验第二种压力。"如果你不能解聘业绩不佳的员工，那么最终你将被其他人取代。彼得·德

第十七章
解聘业绩不佳者

鲁克曾写道:"如果管理者录用了一个无能的员工,并且还一直留用这样的员工,只能说明管理者没有能力,无法胜任管理工作。"

在销售团队中同样如此,$\frac{1}{3}$ 的新员工能够出色地完成工作,即使成不了销售明星,也会取得一定的成就;还有 $\frac{1}{3}$ 的新员工表现平平,剩下 $\frac{1}{3}$ 的新员工无论是在刚入职时还是入职后很长时间内,都无法胜任其工作。因此,一个销售团队每年大约会流失 30% 的销售人员,就像变化一样——不可避免,且永无止境。

解聘流程

商业中有一条法则,即"人人皆知万事"。也就

是说，公司里的所有人都知道谁有能力，谁没有能力。如果继续留用一个业绩不佳的销售人员，销售团队的动力将迅速下降。这相当于告诉所有人，业绩不佳的员工也可以按时领取工资，而表现优异的员工只是偶尔会被领导拍拍头。

如果一位员工无法胜任他的工作，无论出于什么原因，你都要做好解聘他的准备。你必须准备好挺身而出，采取必要的措施，确保公司拥有一个业绩很好的销售团队。

一旦决定让某人离开之后，就要确定在何时、何地开始行动。解聘一个人的最佳时间是一个星期的前几天，这样可以让被解聘的员工立即开始寻找新工作。如果在周五解聘员工，他们什么也做不了，只能待在家里，越想越生气。这样不仅毫无益处，

第十七章
解聘业绩不佳者

也毫无必要。

当你决定解聘一位员工时,一定不要以愤怒的情绪来做这件事。不要对他生气,不要受任何消极情绪的影响。他没有完成工作,的确很不好,但这是职场上难以避免的情况。在整个解聘过程中你要保持平静、冷静与温和。

尽一切可能保护被解聘员工的自尊。因此,你要避免指责或重提过去的工作情况。现在说这些为时已晚。他的工作已经结束了。无论该员工过去做过什么或没有做过什么,都无关紧要。不要在谈话中重提过去。不要争论"他说什么,她说什么"。

杰克·韦尔奇很清楚该如何以低调、温和且专业的方式解聘员工。他曾说过,你永远都不知道世

界如何运转。有一天你可能会发现,自己要向多年前被你解聘的人求职,你要为他工作。因此,任何时候都不要给自己树敌。

最简单的解聘方法是"坏唱片"法,即不断重复一种说法,就像一张被损坏的唱片,直到他人最后接受了这一说法。我向世界各地的一百多万个管理者传授过这一方法,无数人向我反馈了该方法的有效性。

当你准备解聘一位员工时,要与他一起坐下来,然后你说:"我已经考虑了很久,最终认为这份工作不适合你,你也不是这份工作的合适人选。我想,如果从事其他工作,你应该会感到更加快乐。"

请注意措辞。当你说"我已经考虑了很久",就表明你并不是因为愤怒或失望而条件反射似地做出

第十七章 解聘业绩不佳者

了这一决定。

"我最终认为这份工作不适合你,你也不是这份工作的合适人选。"这句话完全正确。该员工也清楚自己不适合这份工作。这是明摆着的,因为他无法出色地完成任务。

平静而坚决

一些销售经理告诉我,有时他们不得不重复这些话 10 次或 20 次,然后销售人员才最终接受这个决定,明白该决定已不可撤销(他以前可从未如此固执过)。这时,该销售人员往往会感谢经理所花的时间和耐心,并且承认这份工作已经结束了,是时候开始下一份工作了。

销售管理
SALES MANAGEMENT

在这一阶段,被解聘的员工接受了自己的工作已经终止这一事实,接下来你可以提出事先决定的遣散费发放计划。遣散费的基本标准是以一年工龄对应一周薪水。你可以根据公司的政策,以及你对这个人的感情,或多或少地慷慨一些[1]。

当对方同意离职后,你要帮他保全面子。设计一个双方都认可的托词,比如,他"因个人原因辞职"。

从这一天开始,你必须严格保密。任何人问起该员工离职的理由,你都要直视对方的眼睛,告诉他:"××是因为个人原因辞职的。"永远不要贬低被解聘的员工或者给予他负面评价,否则你可能会

---

❶ 在中国,要按《劳动法》和双方签订的《劳动合同》办事。——译者注

第十七章
解聘业绩不佳者

陷入困境，特别是在法庭上。

采取最后行动

解聘一位员工时，通常要让他立刻离开办公楼。你可以请另一个人监督，让被解聘员工清空自己的办公桌和私人物品，移交所有的公务卡、办公室钥匙和电脑密码。在此过程中，不要让他独处，不要让他打电话或与他人交谈。最后将他带到公司门口，请他离开，并祝他未来顺利。

如果解聘的过程不够友好，或者因为某些原因你不信任这位被解聘的员工，请在当天更换门锁，并立即修改计算机网络和互联网的所有访问密码。

你的个人责任

你能否打造一个成功的销售团队，95%取决于招聘的结果，同样地，解聘一位达不到岗位要求的员工也是销售经理的一项重要工作。解聘他人并不容易，这个过程往往很痛苦，而且容易感情用事，但这是你应该为公司、销售人员，特别是你自己做的事。

实践练习

1. 请你利用归零思考法，问自己一个问题："如果重新开始，以我现在所了解的情况，有没有哪个员工是我不会再录用的？"

2. 有这样一条定律：解聘一位员工的最佳时机，就是你的脑海中第一次浮现出解聘他的想法的时候。

第十七章
解聘业绩不佳者

如果你不会再聘用销售团队中的某位成员,那你需要立刻下定决心,用本章提供的流程解聘他,结果会令你感到欣慰。[1]

---

[1] 在中国,要遵守中国的《劳动法》。——译者注

第十八章
以身作则

作为销售经理,也许对你而言,最重要的一件事是时刻做一个榜样。你应该为员工树立榜样,以高标准严格要求自己。

在成为销售经理之前,你也是团队的销售人员之一。你与其他销售人员交流、互动、社交,并花时间与他们相处。你知道自己就是一名销售人员,也认同其他销售人员,并与他们在个人层面上建立联系。但是,晋升为销售经理以后,你成为管理层的一员,这时你不再忠于销售人员,而是忠于你自

第十八章
以身作则

己的管理者和老板——这些人信任你,从而让你担任这一职务。

成为管理者之后,几乎一夜之间,你身边的一切都发生了变化。人人都在看着你,观察你的一言一行。你的每一个表情、眼神或意见都会迅速在销售团队中传播。从你进门开始,直到离开,你的行为都会提高或降低销售团队的工作动力与忠诚度,你的言行不再是中性的。你现在掌管着销售人员的工资和未来,每个人都在看着你。

通常来说,只有你进步了,你的销售人员才会进步。

如果你希望销售人员能够更遵守纪律、更有条理、更守时,那么你必须提高对自己的要求,率先做到更守纪律、更有条理、更守时。

销售管理
SALES MANAGEMENT

永恒的问题

为了更好地发挥榜样的作用，思考以下三个问题将对你大有助益：

1.如果国家的所有人都像我一样，国家将变成什么样子？

如果在政治学习会议讨论时提出该问题并思考其答案，那么当今国家的众多政治决策都会发生改变。

2.如果家庭中的每个人都像我一样，那么我的家庭将变成什么样子？

思考这个问题的答案，并采取相应的行动，能够从许多方面极大地改变你的家庭。

3.如果公司里所有人都像我一样，那么公司将

第十八章
以身作则

变成什么样子?

思考这个问题的时候,如果你足够诚实,往往会发现,自己还有提升的空间。有时候,只要改变一个行为,就能使销售团队的业绩发生重大变化。

培养或摒弃某个个性特征

我的一位朋友是美国顶级的管理教练。他的客户都是"财富美国1000强"(Fortune 1000)公司的高层管理者。公司的首席执行官或董事会邀请他帮助那些出现问题的高层管理者,这些高层管理者往往能力出众,但存在一两处个性上的缺陷。

他向我解释,当他与这些高管共事时,会帮助他们找出1~2个妨碍其能力发挥的个性特征,以最

大限度地发挥其领导力，提高手下员工的生产效率。该方法的有效性已经得到了实践的检验。他通过为期 12 个月的课程，帮助这些高管培养或摒弃 1~2 个个性特征，在这个过程中，他发现，如果某些个性特征（或者因为缺乏某些个性特征）阻碍了高层管理者提升自身效能，那么摒弃（或培养）了这些特征之后，该高层管理者在其职位上取得的成果将产生质与量的飞跃。

这条经验也适用于销售经理。你不可能改变自己的基本个性，但可以培养一种品质，或改正一个缺点，进而有效提升自己的能力与生产效率。

针对上述三个能帮你更好地发挥榜样作用的问题，如果你不确定答案，那么你需要鼓起勇气问一问身边的人。

第十八章 以身作则

征求意见与给予反馈

问一问核心员工,你可以做出哪些改变,从而成为一个更加高效的管理者。问一问你的配偶或孩子,他们希望你多做些什么或者少做些什么,从而成为一个更好的家庭成员。他们的答案往往会令你吃惊。听取这些答案后你将怎么做会对你的未来产生重大影响。

回到销售团队的问题上来,请扪心自问。如果像你一样工作,像你一样管理时间,销售人员将会怎么样?如果像你一样规划自己的生活,像你一样与他人交流,他们将会怎么样?如果像你一样学习、进行个人发展、守时和专注,他们将会怎么样?

选择一个行为加以改变

如果你足够诚实,或许已经发现自己在很多方面都有待提高。但是,不要妄想一蹴而就。相反,先选择一个新的习惯或行为,并为之努力,提升未来几周的效能。

例如,研究表明,管理者最消极的行为之一,是当别人说话时,不断地打断别人的话。如果开会时,当别人正在说一句话或表达一个想法时,管理者总是抛出自己的想法,那么,会议中发言的人会越来越少。管理者滔滔不绝,然后询问其他人是否还有问题,最后会议就这样结束了。事后这些管理者还会纳闷:"为什么办公室里没有人说话?"他们自己完全不知道问题出在哪里。

第十八章 以身作则

只要养成提出问题、认真倾听并提出尝试性建议的习惯,你就能极大地提高工作效能和销售团队的整体业绩。

因此,你要下定决心,每次只培养一个新习惯,即使需要花几个月的时间才能使这个习惯固定下来,使之成为自己个性的一部分。正如莎士比亚所说:"急事缓办。"如果你能每年养成一到两种良好的管理行为——这些行为能使你更有效地发挥榜样的作用——那么经过长年累月的积累,你的职业生涯可能会因此发生改变。

请记住,成为管理者之后,任何事情都不再是中性的。你的一言一行都会对团队成员造成影响。优秀管理者的特征之一,就是他们总能意识到自己的言行会给其他人造成影响。

> **实践练习**

1. 挑选一个你喜欢并信任的同事,询问他:"我可以在哪个方面多做一点,或者在哪个方面少做一点,从而成为一个更优秀的销售经理?"

2. 选择一个你想改变的行为或者想培养的习惯,马上行动起来,直到成功为止。

第十九章
业绩控制阀

销售经理最重要的工作是吸引人才加入,建立并维护一支高绩效的销售团队。研究表明,在销售导向的公司中,销售经理是公司的"核心能力"。销售团队建设得越出色,公司就会越健康,赚取的利润也越高。

在调查中,销售人员被问道:"你接受这份工作的主要原因是什么?"通常,他们给出的答案几乎都一样:"因为销售经理。"

人们愿意接受这份销售工作的另一个原因是入

职后可以享受充分的培训，从而实现业绩和收入的提升。但前提是他们对销售经理抱有多少信心。

留下来的原因

在调查中，销售人员被问到的第二个问题是："当业内或市场上出现了其他更好的机会时，你为什么依然选择留在这家公司？"

答案通常是："我是为了销售经理才留下来的。我喜欢他、信任他，在这家公司工作让我很快乐。"调查显示，一些销售人员加入一家公司，并为其效力数十年，原因就在于他们与销售经理建立了高质量的关系。

当一个业绩突出的员工跳槽到竞争对手的公司

第十九章
业绩控制阀

时，他们会被问到的问题是："你为什么离开了上一家公司？"答案几乎都是："因为上一家公司的销售经理很难相处，他非常苛刻，而且不值得信任。"

你就是控制阀

销售人员与销售经理之间的关系就是业绩的控制阀。当销售人员与销售经理沟通时，无论是通过面对面、开会、电话，甚至是电子邮件，所谓的"真相时刻"（the moment of truth）至关重要。

正是交流中的"真相时刻"及这个时刻所产生的情感，决定了销售人员的业绩。

如果销售人员与销售经理的关系是积极向上的，且销售经理能够提供支持，那么销售人员往往能尽

其所能地创造最佳业绩。如果两者的关系是消极的,销售人员的业绩会立刻下降,有时候会持续下降几天,有时候会持续到他离开公司。

你要如何判断自己是否营造了一个积极、成功、高绩效的销售环境?方法很简单。如果你喜欢销售人员,他们也会更加喜欢自己,并且更加执着和坚定地去创造优异的销售业绩。

打造卓越职场

每年,卓越职场研究所(Great Place to Work Institute)会联合《财富》杂志共同发布"最适宜工作的100家公司"榜单。每年,他们会调查数百家公司的数千名员工,找出那些工作环境最令人感

第十九章 业绩控制阀

到愉快、员工工作效率最高的公司。

顶级公司的员工被问到:"为什么你的公司能成为卓越职场?"无论在什么行业,他们的答案都很相似。一家公司之所以能成为"卓越职场",首要条件是"高度的信任"。

关于"高度的信任"的含义,员工们是这样解释的:他们认为自己在公司里可以真实地表达想法,可以在工作中犯错,而不必担心受到斥责、批评或者被解聘。因此,他们感到舒适和愉快,在工作时非常放松,创造力会更强,业绩会更高。

销售经理的目标之一是打造一个卓越职场。与其他因素相比,积极的工作环境对销售业绩的影响更加深远。

我的一家客户公司有 18 家分公司。其中一家

分公司的员工个人销售额与公司整体销售额都在所有分公司中名列前茅。人人都知道原因,该分公司的销售经理非常优秀。销售人员都争先恐后地申请,想调入该分公司,因为他们知道,在这位销售经理的领导下,他们的业绩将在几个月内增加一倍甚至两倍。

这些年来,我认识了许多优秀的销售经理,总有业绩出色的销售人员源源不断地投靠过来,想加入他们的麾下。这些销售人员会提前提出申请,参加面试。事实上,销售经理有一份名单,上面列出了可能会加入自己团队的销售人员,那些销售人员只是在等待调动的时机。

第十九章 业绩控制阀

▶ 实践练习

1. 你可以采取哪些具体措施，使销售人员更加愿意为你工作？

2. 你希望公司内和市场上的人如何描述你？你希望人们用什么词语来形容你？你可以采取什么措施，确保他人会用这些词语来描述和形容你？

第二十章
激励销售人员的四项措施

在日常工作中,你可以采取以下四项措施,激励销售人员取得更高的业绩。

无条件的积极关注

无条件的积极关注是一个人能给予另一个人最重要的馈赠。这一点适用于任何关系,包括配偶之间、亲子之间、朋友之间,以及同事之间。

几乎每个人的成长都伴随着对失败、拒绝的恐

第二十章
激励销售人员的四项措施

惧及对自我的怀疑。人在幼儿时期遭受了破坏性批评之后,由此产生的最大问题是有了"我不够好"的感觉。这种感觉会影响他生活的方方面面,导致业绩、效能、幸福感和生产效率降低。

但是,如果一个人感到自己被他人喜欢,而且不会受到他人的评判或评价,能够被他人完全接受,那么他会感到放松、舒适和愉悦。

请记住,一个人的自尊水平决定了其业绩水平。你必须对员工表达无条件的积极关注和接纳,提升他的自尊,完善他的自我形象。这样一来,他们会更加积极努力地对待每一件事,尤其是与销售相关的活动。

无条件的积极关注的反面是批评、抱怨,或者因对方做了某事或没做某事而受到严厉指责。一个消极的词语或眼神就可能降低一个人一整天的工作效

率。因此，请你对员工始终保持积极、鼓励的态度。

身体接触

与他人的身体接触会对他产生巨大的影响。这些身体接触可能十分简单——可以是你每天看到他时与他热情地握手，也可以是当他出色地完成任务或者做了精彩发言后，你拍了拍他的肩膀，甚至只是你在走廊上与他擦肩而过时微笑致意。你在与人谈话过程中，轻触他的胳膊或手，会让对方觉得自己更有价值，也能拉近你们之间的距离。

在销售心理学中，我发现，当你向客户表达观点或与他一起大笑的时候，只需要触碰客户的手，他就会更加喜欢你并信任你。在对照研究中，让销

第二十章
激励销售人员的四项措施

售人员触碰客户肘部以下的身体部位,事后再向客户提及此事,大部分人都不会记得曾发生过这样的触碰。他们只是更加喜欢这个销售人员,更愿意接受这个销售人员推荐的产品或服务。

在所有的人际关系中都是如此。握手、拍拍肩膀或后背,触碰手或手腕,都能向他人传递一种温暖与信任的讯息。[1]

眼神交流

史蒂芬·柯维(Stephen Covey)在其著作《高

---

[1] 此处特指美国,在不同地方应遵守不同地方的文化习俗。——译者注

效能人士的七个习惯》(*The 7 Habits of Highly Effective People*)中指出，每个人都有一个"情感银行"，需要定期存入来自他人的积极信息和正面交流。他认为，人们每次向"情感银行"中存款时会感到更加快乐、更加积极，并认为自己更有价值。

他也指出，当批评他人或者对他人做出负面评价时，就是在消耗对方"情感银行"中的存款，使对方出现"情感赤字"。如果想让他们重新回到高绩效的状态，就必须补足赤字。

向另一个人的"情感银行"中存款的方法之一是眼神交流。当销售人员想要表达时，你要全神贯注地倾听，克制住自己发表评论或提意见的冲动。直视对方的眼睛、点头、微笑。这能向对方表明你非常看重他及他所说的话。

第二十章
激励销售人员的四项措施

人们往往会将注意力放在自己最重视的人与事情上。当员工说话的时候,如果你能给予他温暖、真诚的眼神,以此体现出你对他的密切关注,对方会感到自己的价值与重要性都得到了提升,往往能在工作中竭尽全力,努力成为更优秀的员工。

集中注意力

当你将注意力全部放在一位销售人员身上时,对方会感到自己是有价值的、重要的。掌握倾听的四大关键技巧,可以让被倾听者感受到你的注意力正集中在他的身上。

第一,全神贯注地听,不要打断对方说话。你要直视对方,保持身体前倾,集中注意力,仿佛此

时此刻你最想做的事就是倾听他讲话。

第二，回应之前先停顿。当对方停下来时，也许是为了重新整理思路，或者是为了听取你的建议，此时你要停顿一下，留出 3~5 秒或更长的沉默时间。这样短暂的沉默能给你带来 3 个好处：其一，避免打断对方的话，也许他只是在准备接下来要说的话；其二，停顿表示对方说的话很重要，你在认真思考；其三，你其实在更加深入地理解对方的所说、所思与所感。这一切都需要通过停顿完成。

第三，通过提问获得进一步的说明。你不要以为自己完全理解了对方的真实想法。你可以向他提问："你说的是什么意思？"然后耐心等待对方回答。他会对前面说过的话加以解释，你能得到更多的信息，也能使对方建立自尊。请记住，谁提问，谁就

第二十章
激励销售人员的四项措施

掌握了控制权。在交谈中,如果你能全神贯注地倾听,并且多多提问,就能切实地把握谈话的走向及另一个人的情绪。提问是一项有效的谈话技巧,能帮助你获得更多信息,卖出更多产品。

第四,用自己的语言重述对方说过的话,这是倾听的"酸性测验",可以证明你的确在认真倾听对方说话,而不是在心里盘算自己的事,盼着对方说完。你可以这么说:"让我确定一下,你说……实际上你的意思是……对吗?"如果能准确地重述对方说过的话,就能证明你的确在全神贯注地倾听。你向对方证明,你的注意力的确全部放在了他的身上,因为你非常重视他和他所说的话。

销售人员的自我概念与自我形象取决于你每天对待他们的方式。所以,请厚待他们。你的一言一

行都会提高或降低销售人员的自尊,最终影响他们的业绩。你需要确保销售人员每次与你的交流后都能得到个人的能力提升。

> **实践练习**

1. 选择一位销售人员,练习"集中注意力"。你可以询问他的工作怎么样、感觉如何、对当前的市场有什么想法,然后全神贯注地倾听他的回答。

2. 每次与他人交流时,你可以通过握手、直视对方的眼睛、微笑或者轻轻触碰对方的手或胳膊来表达你见到他时的愉悦心情。这么做的结果可能会让你大吃一惊。

第二十一章
勇气——成功必备的素质

勇气是领导者必备的重要素质,是一种敢作敢为的气魄。

销售管理是一项艰巨的工作,需要专业人员才能保证这项工作的顺利进行。你决定无论多么艰难都要将这份工作坚持到底,这就是勇气和毅力的标志。坚持是成功的必然保证,也是勇气的体现。

销售管理
SALES MANAGEMENT

保持克制

高处不胜寒。作为一名销售经理，你不要奢望与销售人员分享自己的问题、担忧和恐惧。你必须让员工远离这一切，独自承担你对商业环境或其他人的疑虑。将这些告诉销售人员，只会让他们的士气低落。

你应该听过一句歌词："即使心碎也要微笑。"无论你的内心感受如何，都必须让自己保持外在的愉悦与自信。这是发挥领导力的关键。

销售经理这一职位可以给你带来丰厚的回报。它可以作为一张跳板，让你在生活与工作中取得更高的成就。很多大公司的顶级管理者都从事过销售管理工作，并且在竞争激烈的销售战场上取得了成功。

第二十一章
勇气——成功必备的素质

每一天,你都要鼓起勇气去面对工作中不可避免的起起落落。

祈求和平,盼望战争

请记住:当你身处逆境,这将也是你学习与成长的机会。军事上有一句老话:"战士既祈求和平,又盼望战争。"

没有人喜欢战争及其所带来的痛苦。战士像所有普通人一样祈求和平,但也盼望战争,因为只有在战争期间,他们才有可能获得迅速的晋升。

这句话也适用于销售经理的工作。你遇到的问题越多,困难越大,竞争越激烈,挑战越大,你就越有可能走上成长、发展和成功的快车道。请记住,

如果事事顺利，你很难快速进步。只有在与大量的困难做斗争并最终战胜它们的时候，你才能取得进步。

请记住已故的曾任美国哈佛大学学生训导的勒巴伦·拉塞尔·布里格斯（LeBaron Russell Briggs）的话：

"去奋斗。奋斗永无止境，你永远可以再多做一点——你值得再多做一点。你会遭受苦难，也一定心存怀疑，但你仍要努力。当你全身心地投入时，天空将变得晴朗。最后，经历了痛苦与怀疑，你将获得生命的最高喜悦。"

你已经竭尽所能，成为一位了不起的销售经理。如果运用本书提供的这些工具、技巧与方法，你将变得更加优秀，你的团队也将更加强大，取得更高的销售业绩。你将实现职业生涯中的所有目标。

博恩·崔西职场制胜系列

《时间管理》
定价：59元

《授权》
定价：59元

《管理》
定价：59元

《谈判》
定价：59元

《领导力》
定价：59元

《高效会议》
定价：59元